SUSANNE STEIDL

CHAKRA ENERGIE
Handbuch für jeden Tag

Aktiviere die Lebensenergie,
und schöpfe aus dem Vollen!

Schirner
Verlag

Die Ratschläge in diesem Buch sind sorgfältig erwogen und geprüft. Sie bieten jedoch keinen Ersatz für kompetenten medizinischen Rat, sondern dienen der Begleitung und der Anregung der Selbstheilungskräfte. Alle Angaben in diesem Buch erfolgen daher ohne Gewährleistung oder Garantie seitens der Autorin oder des Verlages. Eine Haftung der Autorin bzw. des Verlages und seiner Beauftragten für Personen-, Sach- und Vermögensschäden ist ausgeschlossen.

Dieses Buch enthält Verweise zu Webseiten, auf deren Inhalte der Verlag keinen Einfluss hat. Für diese Inhalte wird seitens des Verlages keine Gewähr übernommen. Für die Inhalte der verlinkten Seiten ist stets der jeweilige Anbieter oder Betreiber der Seiten verantwortlich.

Wir verzichten auf das Einschweißen unserer Bücher – **UNSERER UMWELT ZULIEBE!**

ISBN Printausgabe 978-3-8434-1455-5
ISBN E-Book 978-3-8434-6433-8

Susanne Steidl: Chakra-Energie – Handbuch für jeden Tag Aktiviere die Lebensenergie, und schöpfe aus dem Vollen! © 2020 Schirner Verlag, Darmstadt

Umschlag: Elena Lebsack, Schirner, unter Verwendung von Bildern von Corinna Insam sowie von # 44676277 (© Vasilius), # 714152803 (© mim.girl) und # 269129831 (© An Vino), www.shutterstock.com
Layout: Elena Lebsack, Schirner
Lektorat: Claudia Simon, Schirner
Printed by: Ren Medien GmbH, Germany

www.schirner.com

4. Auflage November 2024

INHALT

EINFÜHRUNG

Liebe Leserin, lieber Leser, es ist mir eine große Freude, dass ich nach dem Erscheinen meines Kartensets »Chakra-Energie« nun mein Wissen über die Energie der Chakras in einem weiteren Werk mit dir teilen darf. In diesem Buch möchte ich dir vertiefende Informationen zu den Chakras und deren Wirkung auf deinen Körper, deine Beziehungen und deine Selbstverwirklichung geben.

Je mehr du über die Chakraenergie weißt, desto besser und zielgerichteter kannst du sie für dich und dein Leben nutzen. Dadurch bist du den vielen belastenden Einflüssen und Herausforderungen der heutigen Zeit nicht mehr ausgeliefert, sondern kannst dein Leben selbstbestimmter und unabhängiger gestalten. Das wiederum wirkt sich positiv auf dein Umfeld aus, weil du die Energie, die in dir wirkt, nach außen hin ausstrahlst. In dem Maße, in dem du dein eigenes Energiefeld stabilisierst, trägst du zum energetischen Gleichgewicht dieser Welt bei.

Durch die vielseitigen Informationen, Anregungen, Meditationen und Übungen in diesem Buch lernst du, wie du die Energie der Chakras wahrnehmen, ausgleichen und aktivieren kannst. Dadurch bist du in der Lage, deine Gesundheit zu stärken, deine Beziehungen zu beleben und deine Potenziale zu entfalten. So kannst du auf allen Ebenen aus dem Vollen schöpfen.

Viel Freude beim Eintauchen in die Energie der Chakras.

Deine Susanne Steidl

Die CHAKRA-ENERGIE kennenlernen

Du hast sicher schon von der universellen, kosmischen Energie gehört. Ob »Prana«, »Chi«, »Qi« oder anders genannt, diese Energie durchwirkt und verbindet alles Geistige und Materielle und bildet das Fundament des Lebens.

Chakras sind unsere feinstofflichen, kreisförmigen, sich drehenden Energiezentren, die uns mit dieser wertvollen Lebensenergie versorgen. Das Wort »Chakra« kommt aus dem Sanskrit (altindische Sprache) und bedeutet »Rad aus Licht«. Durch ihre Drehung nehmen die Chakras die Energie aus dem Kosmos in sich auf, die durch unsere Energiebahnen (Nadis) in unseren physischen und den feinstofflichen Körper (Aura) weitergeleitet wird.

Die Chakraenergie ist entscheidend für unser körperliches, geistiges und seelisches Gleichgewicht. Indem wir uns mit ihr beschäftigen, erhöhen wir unsere energetischen Schwingungen, was wiederum unser körperliches Wohlbefinden steigert und uns zu emotionaler und mentaler Ausgeglichenheit führt. Diese Energie unterstützt uns dabei, unsere Beziehungen bewusster zu leben und unsere Lebensaufgaben zu erkennen und zu erfüllen. Damit ist die Arbeit mit den Chakras immer auch Bewusstseinsarbeit. Wenn du die Energie der Chakras in dein Leben einbeziehst, wirst du dich selbst besser verstehen. Dir werden sich stets neue Erkenntnisse offenbaren, du wirst Entwicklungsschritte bewusster vollziehen und dadurch dein Leben selbstwirksamer gestalten können.

Die Entwicklung und die Funktion der Chakras werden von vielen Faktoren beeinflusst, und nicht immer funktionieren die

Aufnahme und die Weitergabe der Lebensenergie und der Austausch von Informationen im Energiesystem optimal. Blockaden können entstehen, die mit einer Unterversorgung des betroffenen Chakras mit Energie einhergehen. Genauso ist auch eine Überversorgung möglich, wenn ein Chakra zu weit geöffnet ist. In beiden Fällen kommt es zu einer unmittelbaren Auswirkung auf das jeweilige Chakra und die Organe, Körperbereiche und Lebensthemen, die ihm zugeordnet sind.

Bei einer Unterversorgung steht dir zu wenig Energie zur Verfügung. Du läufst sozusagen auf Sparflamme, deine Kraft reicht nicht für alle Lebensbereiche aus, etwas kommt zu kurz, anstatt Fülle erfährst du Mangel, und du lebst nicht dein volles Potenzial. Wenn in einem Chakra nicht ausreichend Energie fließt, werden dadurch auch die anderen Chakras beeinflusst. Denn die Lebensenergie wird nicht nur von außen aufgenommen, sondern sie strömt auch von Chakra zu Chakra weiter.

Bei einer Überversorgung nimmst du zu viel Energie in dich auf. Durch den Überschuss hast du vielleicht Schwierigkeiten, Grenzen zu setzen und ein gesundes Mittelmaß zu finden. Es kann auch sein, dass du etwas in deinem Leben extrem lebst, während du anderes stark vernachlässigst. Oder du gibst zu viel Energie nach außen ab, anstatt sie für dich zu nutzen, wodurch du dich erschöpft und unausgeglichen fühlst.

Die möglichen Ursachen einer disharmonischen Funktion sind vielfältig. Vor allem die Lebenserfahrungen und Prägungen spielen eine große Rolle, zudem Konditionierungen und

Glaubenssätze, innerhalb der Ahnenlinie vererbte Themen und Muster, aber auch Themen, die im kollektiven Feld wirken.

Eine Blockade in einem Chakra ist immer ein Ausdruck dessen, dass Energie nicht so fließt, wie sie fließen sollte. Man kann sie daran erkennen, dass im Leben etwas nicht mehr rund läuft. Bei manchen Menschen zeigen sich die Schwachstellen im Energiesystem als körperliche Symptome, bei anderen spiegeln sie sich in ihren Beziehungen wider oder darin, dass sie in der persönlichen Entwicklung nicht vorankommen und irgendwo feststecken.

Eine optimale Entwicklung der Chakras erfolgt dann, wenn sich ein Mensch frei und natürlich entfalten kann. Da dies eher selten der Fall ist, kommt es bei fast jedem zu Ungleichgewichten oder Blockaden, die die Tätigkeit und somit die Energie der Chakras beeinflussen. Wir Menschen haben also Chakras in unterschiedlichen Ausprägungen und damit auch unterschiedliche Lebensumstände und Bewusstseinszustände.

Die LAGE
und BEDEUTUNG
der CHAKRAS

Die sieben Hauptchakras, denen wir uns in diesem Buch widmen, sitzen entlang der Wirbelsäule an der Vorder- und Rückseite des feinstofflichen Körpers im sogenannten Ätherkörper (erste Ebene der Aura). Sie sind nach vorn und nach hinten wie Trichter geöffnet. Ausnahmen sind das Wurzelchakra, das sich vom Steißbein ausgehend nach unten öffnet, und das Kronenchakra, das sich oberhalb des Scheitels befindet und nach oben geöffnet ist. Des Weiteren gibt es zahlreiche Nebenchakras, die sich vor allem in den Handflächen, an den Füßen und in den Gelenken befinden.

Jedes Chakra hat eine eigene Schwingung, Thematik und Bedeutung für den Menschen. Hier findest du einen ersten Überblick, damit du die Hauptchakras ein- und zuordnen kannst.

Chakra	Lage	Themen	Bedeutung	Farbe	Element
Kronenchakra	oberhalb des Scheitels, nach oben geöffnet	göttliche Einheit, Einssein, Spiritualität	Ich weiß	Violett, Weiß, Gold	reine Essenz
Stirnchakra	oberhalb der Augenbrauen in der Stirnmitte	Intuition, höhere Führung, Bewusstsein, Visionen	Ich sehe	Dunkelblau	Geist
Halschakra	etwas unterhalb des Kehlkopfes	Kommunikation, Ausdruck, Reinheit, Wahrhaftigkeit	Ich spreche	Hellblau	Äther/Raum
Herzchakra	in der Brustmitte auf Höhe des Herzens	liebevolles Bewusstsein, Seele, universelle Liebe, Verbundenheit	Ich liebe	Grün, Rosa	Luft

Solar-plexus-chakra	oberhalb des Bauch-nabels	Kraft, Potenzial, Fähigkeiten, Handeln	Ich handle	Gelb	Feuer
Sakral-chakra	unter dem Bauchnabel, oberhalb des Scham-beines	Gefühle, Lebens-freude, Genuss, Sinnlichkeit, Kreativität	Ich fühle	Orange	Wasser
Wurzel-chakra	am Ende des Steiß-beines, nach unten geöffnet	Geborgen-heit, Stabi-lität, Urver-trauen, Lebens-energie	Ich bin	Rot	Erde

Das Wurzelchakra ermöglicht es dir, deinen Weg voller Vertrauen zu gehen.

Das erste Chakra liegt am Ende des Steißbeines und ist dem Element Erde zugeordnet. Es steht für: Urvertrauen, Lebens-energie, Herkunft, Selbsterhaltung, Stabilität, Sicherheit, Ge-borgenheit, Existenz, Erdung, Unabhängigkeit, materielle Ebene, Überleben, Körperbewusstsein.

Das Sakralchakra ermöglicht es dir, das Leben in vollen Zügen zu genießen.

Das zweite Chakra befindet sich unter dem Bauchnabel, oberhalb des Schambeines und ist dem Element Wasser zugeordnet. Es steht für: Gefühle, Kreativität, Sexualität, Eros, Sinnlichkeit, Lebenslust und -freude, Genuss, schöpferische Kraft, Beziehungen, Balance von Geben und Nehmen, Loslassen, Begehren, Sehnsüchte, Lust, Hingabe.

Das Solarplexuschakra ermöglicht es dir, dein volles Potenzial zu leben.

Das dritte Chakra liegt oberhalb des Bauchnabels und ist dem Element Feuer zugeordnet. Es steht für: Handeln, Durchsetzungsvermögen, Talente und Potenziale leben, Ziele verwirklichen, Willenskraft, Persönlichkeit, Verantwortung, Selbstvertrauen, Selbstwert, Selbstermächtigung, Selbstbewusstsein, Motivation, Begeisterung, Bauchgefühl, Emotionen verdauen, Kritikfähigkeit, Wissen, mentale Stärke, Abgrenzung.

Das Herzchakra ermöglicht es dir, Liebe zu geben und zu empfangen.

Das vierte Chakra liegt in der Brustmitte auf Höhe des Herzens und ist dem Element Luft zugeordnet. Es steht für: Liebe zu allem, was ist, Mitgefühl, Dankbarkeit, Sitz der Seele, Zuneigung, Menschlichkeit, Offenheit, Toleranz, Geborgenheit, Herzensgüte, Dienen, Selbstliebe, Beziehungen, Liebesfähigkeit, Vergebung.

Das Halschakra ermöglicht es dir, dich wahrhaftig zu zeigen.
Das fünfte Chakra befindet sich etwas unterhalb des Kehl-
kopfes und ist dem Element Äther zugeordnet. Es steht für:
Kommunikation, Ausdruck der Seele, Ehrlichkeit, Offenheit,
Wahrheit, Inspiration, innere Stimme, Authentizität, Kreativität,
Musikalität, Verbindung von Fühlen und Denken, Freiheit.

Das Stirnchakra ermöglicht es dir, weit und klar zu sehen.
Das sechste Chakra liegt oberhalb der Augenbrauen in der
Stirnmitte, wird auch als »Drittes Auge« bezeichnet und ist
dem Element Geist zugeordnet. Es steht für: Intuition, Weisheit,
Bewusstsein, Erkenntnis, Einsicht, Selbstverwirklichung, Wahr-
nehmung, Verstand, Visionen, Illusion, Eigenverantwortung,
Vorstellungskraft, Fantasie, Klarheit, Führung durch die Seele,
Geist, Telepathie.

**Das Kronenchakra ermöglicht es dir, dich als vollkommen
und mit allem verbunden zu erfahren.**
Das siebte Chakra befindet sich oberhalb des Scheitels und ist
dem Element reine Essenz zugeordnet. Es steht für: Verbundenheit mit dem Göttlichen, Lebenssinn, Lebensaufgabe, Hingabe an
das Leben, geistige Fülle, tiefer Frieden, Schöpferkraft, spirituelle
Entwicklung, Erleuchtung, göttliche Gnade, Einheitserfahrung,
absolutes Bewusstsein.

Wurzel-, Sakral- und Solarplexuschakra sind der **Materie,** der
irdischen Energie, zugeordnet. Sie beeinflussen vor allem unser
körperliches und materielles Sein und ermöglichen es uns, unser
Leben auf der Erde vertrauensvoll, freudvoll, zielorientiert und
verantwortungsvoll zu gestalten.

Hals-, Stirn- und Kronenchakra sind der **geistigen, spirituellen Ebene** zugeordnet. Sie verbinden uns mit der himmlischen, göttlichen Energie und schenken uns Zugang zu unserer Intuition, zum höheren Bewusstsein und zu unserer spirituellen Entfaltung.

Für unsere spirituelle Weiterentwicklung sind jedoch nicht nur die oberen Chakras entscheidend, denn die unteren Chakras ermöglichen es uns erst, die kosmische, universelle Energie in unseren Körper, in unsere Beziehungen und in unser alltägliches Leben zu bringen und dort zu verankern. Spiritualität ist dann nichts Abgehobenes mehr, was man zeitweilig ausübt, sondern sie findet Einzug in unseren Alltag und durchwirkt ihn. Wir erfahren uns zugleich als irdische und als göttliche Wesen und erleben die physische und die Geistige Welt als Einheit.

Jedes Chakra hat ein sogenanntes **Komplementärchakra.** Das bedeutet, dass es zwischen einem unteren und einem oberen Chakra eine Verbindung mit einer ergänzenden, harmonisierenden Wirkung gibt. Um die Energie eines Chakras optimal in den Fluss zu bringen, ist es sinnvoll, das entgegengesetzte Chakra zu betrachten und miteinzubeziehen.

Die Komplementärchakras sind:
- Wurzelchakra und Kronenchakra
- Sakralchakra und Stirnchakra
- Solarplexuschakra und Halschakra

Das Herzchakra bildet das Zentrum im Chakrasystem und hat kein Komplementärchakra. Es verbindet die drei unteren mit den drei oberen Chakras. Es funktioniert wie ein Transformator. Es gleicht die Energien der unteren und oberen Chakras aus und an und ist damit das Bindeglied zwischen dem irdischen und dem spirituellen Dasein.

Wie du mit dem
CHAKRA-
HANDBUCH
arbeiten kannst

Allgemein

Dieses Buch ist in drei Lebensbereiche unterteilt:

- Körper
- Beziehungen
- Selbstverwirklichung

Zu jedem Lebensbereich werden alle sieben Hauptchakras, deren Zuordnungen und Wirkungen im Leben beschrieben. Zudem gibt es Fragen, die du für dich beantworten kannst, um herauszufinden, mit welchem Chakra du dich beschäftigen solltest.

Du hast zwei Zugänge, um mit diesem Buch zu arbeiten:

- Du kannst zuerst den Lebensbereich auswählen, der dich gerade am meisten beschäftigt, wo du Probleme hast, wo du feststeckst oder einfach etwas verändern möchtest. Im nächsten Schritt klärst du für dich, welches Chakra du hinsichtlich dieses Bereiches stärken und harmonisieren solltest.
- Oder du findest zuerst das Chakra, das in Disharmonie ist, und widmest dich diesem anschließend in Bezug auf alle drei Lebensbereiche.

Da im Leben nichts getrennt, sondern alles miteinander verbunden ist, empfehle ich dir, wenn du dich zunächst ganz gezielt einem Lebensbereich widmen möchtest, dich nach und nach auch mit den anderen auseinanderzusetzen.

Falls du entdeckst, dass mehrere Chakras gestärkt werden sollten, beschäftige dich zuerst immer mit dem unteren Chakra. Wenn du also zum Beispiel mit dem Sakralchakra und dem

Halschakra arbeiten willst, widme dich zunächst dem Sakral-chakra, da durch dessen Aktivierung der Energiefluss der darüber liegenden Chakras angeregt wird.

Die Arbeit mit den Chakras ist kein linearer Prozess, das heißt, du beschäftigst dich nicht nur einmal mit ihnen und ihren Themen, und damit ist es getan, sondern du widmest dich ihnen immer wieder aufs Neue. Mit jedem Durchgang wirst du weitere Erkenntnisse gewinnen. Du kannst diese Arbeit mit einer Zwiebel und ihren Schichten vergleichen: Mit der Zeit wirst du Schicht um Schicht lösen und damit tiefer in diese besonderen Energien eintauchen.

Ich empfehle dir, deine Erkenntnisse in einem Notizbuch nieder-zuschreiben, damit du deine Entwicklungsprozesse besser ver-folgen kannst. Beobachte, was sich in deinem Leben verändert, wenn du deinen Fokus auf bestimmte Chakras und Lebens-bereiche richtest.

Durch die Arbeit mit der Chakraenergie wird sich dein Bewusst-sein erweitern, du wirst neue Aspekte von dir und deinem Leben wahrnehmen, und deine Themen werden sich klären. Es ist also sehr wahrscheinlich, dass sich einiges in deinem Leben in Be-wegung setzen und sich wandeln wird. Was genau das sein wird, ist nicht vorhersehbar. Du kannst aber davon ausgehen, dass die Veränderungen zu deinem Besten sind. Öffne dich ihnen, und sei bereit, sie geschehen zu lassen.

Chakrameditationen

In diesem Buch findest du zahlreiche Meditationen, die darauf ausgerichtet sind, die Energie der Chakras in Bezug auf deinen Körper, deine Beziehungen und deine Selbstverwirklichung zu aktivieren.

Wenn du meditieren möchtest, achte auf ausreichend Zeit und vor allem Ruhe, damit du nicht durch Telefon, Besuch oder etwas anderes gestört wirst. Meditiere an einem Ort, wo du dich sicher und wohlfühlst.

Vielleicht möchtest du vorab mit einem passenden ätherischen Öl, das du in eine Duftlampe gibst, oder mit einem Räucherwerk eine wohltuende Atmosphäre schaffen. Nähere Informationen dazu findest du im Kapitel »Räuchern & Aromatherapie«, S. 166.

Du kannst im Sitzen auf einem Stuhl, im Schneidersitz oder im Fersensitz auf dem Boden meditieren. Die Wirbelsäule sollte aufgerichtet sein. Wenn du magst, kannst du dich auch hinlegen, achte aber darauf, dass du nicht einschläfst. Bei den Meditationen zum Wurzel- und Kronenchakra empfehle ich dir eine sitzende, aufrechte Position, in der die Fußsohlen den Boden berühren. Achte darauf, weder Arme noch Beine zu überkreuzen. Finde eine bequeme, entspannte Haltung, die du jederzeit verändern darfst. Richte deinen Fokus auf das jeweilige Chakra, zu dem du meditierst.

Um dich auf die Meditation einzustimmen, mache vorher eine kurze Atemübung, indem du langsamer als sonst atmest: fünf

Sekunden ein, fünf Sekunden aus. Mache dies einige Atemzüge lang. Diese Art der Atmung erleichtert es dir, dich zu entspannen, und erzeugt im Gehirn Alphawellen, was den Zugang zum Unterbewusstsein ermöglicht.

Bevor du beginnst, lies dir den Text aufmerksam durch. Um besser visualisieren zu können, schließe beim Meditieren die Augen. Natürlich kannst du diese zwischendurch immer wieder öffnen, um den nächsten Abschnitt zu lesen und so der Meditation zu folgen.

Wenn du dir die Meditationen lieber anhören möchtest, so findest du sie als Audioaufnahmen auf meinem YouTube-Kanal in der Playlist »Chakra-Energie«. Selbstverständlich kannst du dich auch von deiner eigenen Stimme führen lassen, indem du die Meditationen zunächst auf ein Aufnahmegerät sprichst und diese dann abspielst. Mache es so, wie es für dich passt.

Wenn du nach einer Meditation die Augen öffnest, bewege dich ein bisschen, um wieder ganz in deinem Körper anzukommen. Klopfe dich mit der flachen Hand ab, wenn du möchtest. Dann trinke etwas Wasser, und nimm deinen Alltag gemächlich wieder auf.

Eine regelmäßige Meditationspraxis stärkt deine Achtsamkeit und lässt dich immer mehr zu dir selbst finden. Sie beruhigt deine Gedanken, wirkt ausgleichend auf deine Gefühle und schenkt dir Entspannung und Wohlbefinden.

Die ENERGIE
der Chakras
WAHRNEHMEN

Jedes Chakra steht für bestimmte körperliche Themen wie auch Lebens- und Entwicklungsthemen. Im Kapitel »Chakras & Körper« (S. 32) findest du zu jedem Energiezentrum Zuordnungen von Körperbereichen, Organen und körperlichen Symptomen. So kannst du anhand deiner physischen Beschwerden erkennen, welchem Chakra du Aufmerksamkeit schenken darfst. In den Kapiteln »Chakras & Beziehungen« (S. 76) und »Chakras & Selbstverwirklichung« (S. 118) findest du bei jedem Energiezentrum eine Auflistung von Themen, die sich bei einer Disharmonie zeigen können. Zudem gibt es Fragen, die dir helfen, herauszufinden, ob die Energie des jeweiligen Chakras harmonisch fließt oder nicht.

Du kannst aber auch mittels deiner Intuition herausfinden, mit welchem Chakra du arbeiten solltest. Die feinstoffliche Energie der Chakras lässt sich gut durch das intuitive Spüren oder Sehen wahrnehmen. Die Arbeit mit dem Pendel oder der Einhandrute bietet eine weitere Möglichkeit.

Intuitives Spüren

Schließe die Augen, formuliere gedanklich die Absicht, deine Chakras wahrzunehmen, und bewege eine Hand mit ausgestreckten Fingern zu dem Körperbereich, wo sich das Chakra, das du spüren möchtest, befindet. Halte die Hand in einem Abstand von 15–20 cm zum Körper. Du kannst die Entfernung auch variieren, um festzustellen, in welcher Position du das Energiezentrum am besten wahrnimmst.

Beginne beim Wurzelchakra, indem du die Hand zwischen die Beine, unterhalb des Steißbeines hältst. Lasse die Hand etwas nach oben oder unten gleiten, damit du den Unterschied wahrnimmst. Es kann sein, dass du Wärme, Kälte, ein Kribbeln oder Pulsieren in der Hand spürst. Vielleicht nimmst du zwischen der Hand und dem Körper etwas wahr: Dichte, Tiefe, Druck … Oder du bemerkst im Körper Wärme, Dichte oder ein Kribbeln. Öffne dich ganz deinen Empfindungen und deinem Spüren. Jeder Mensch hat eine individuelle intuitive Wahrnehmung. Es gibt kein Richtig oder Falsch.

Gehe nun von unten nach oben alle Chakras langsam durch, und erspüre die unterschiedlichen Energien. Was verändert sich? Welches Chakra fühlt sich wohlig und angenehm an? Welches empfindest du als ausgeglichen, welches nicht?

Mache dir gern Notizen dazu, damit du klarer erkennen kannst, welches Chakra disharmonisch ist.

Intuitives Sehen

Vielleicht liegt dir das intuitive Sehen etwas mehr. Schließe dazu die Augen, und stelle dir vor, dass du dich selbst in einem Spiegel siehst. Nun gehe mit deiner Aufmerksamkeit zu dem Wurzelchakra oder einem anderen Chakra deiner Wahl, und siehe es dir in deiner Vorstellung an. Vielleicht nimmst du Farben wahr, oder es zeigt sich dir als Energierad, das sich dreht. Schaue, ob es harmonisch ist, ob es eher klein oder verhältnismäßig groß ist.

Betrachte so nach und nach deine Chakras, und finde heraus, mit welchem du arbeiten möchtest. Vielleicht hast du auch den Eindruck, dass ein Chakra von irgendetwas blockiert wird, kannst beispielsweise einen Schatten wahrnehmen. Oder du siehst sogar vor deinem inneren Auge, dass Steine oder andere Gegenstände dein Chakra blockieren.

Zu Beginn deiner intuitiven Wahrnehmung kannst du laut oder in Gedanken die Frage stellen: »Mit welchem Chakra soll ich arbeiten?« Dann beobachte, welches Chakra in deiner Vorstellung erscheint. Es kann sein, dass es hell aufleuchtet oder du dort, wo das Chakra sitzt, körperlich etwas spürst. Vertraue ganz deiner Wahrnehmung.

Wahrnehmen mit dem Pendel oder der Einhandrute

Wenn du bereits Erfahrung mit dem Pendel oder der Einhandrute hast, kannst du diese Hilfsmittel verwenden, um die Energie der Chakras wahrzunehmen und auszutesten. Die Bewegungen und Schwingungen des Pendels zeigen dir an, wie sich ein Chakra dreht: stark, schwach, rund, unrund, weit, eng oder auch gar nicht. Bei der Einhandrute stelle dir laut oder gedanklich konkrete Fragen, die mit Ja oder Nein beantwortet werden können, zum Beispiel: »Ist das Chakra harmonisch?«, »Hat es eine Blockade?«, oder: »Soll ich mit diesem Chakra arbeiten?« Der Ausschlag der Einhandrute wird dir die Antworten anzeigen.

Stelle dir Fragen

Die folgenden Fragen können dich inspirieren und intuitiv spüren lassen, welchem Chakra du dich widmen solltest. Lies jede Frage ganz bewusst, und spüre dann in dich hinein. Nimmst du eine Sehnsucht, einen Mangel oder bereits Erfüllung wahr? Welche Frage berührt dich am meisten? Beginne bei dem Chakra, das dich am meisten anspricht, und widme dich ihm bezüglich aller drei Lebensbereiche: Körper, Beziehungen und Selbstverwirklichung.

- Was wäre, wenn du voll und ganz im Leben stehen und ihm vertrauen würdest? ➔ Wurzelchakra
- Was wäre, wenn du dich deiner Lebensfreude hingeben und dein Leben voll und ganz genießen könntest? ➔ Sakralchakra
- Was wäre, wenn du deine volle Kraft leben und deine Fähigkeiten zeigen würdest? ➔ Solarplexuschakra
- Was wäre, wenn du Liebe frei empfangen und geben könntest, ohne sie an Bedingungen zu knüpfen? ➔ Herzchakra
- Was wäre, wenn du ganz zu dir stehen und dem Ausdruck verleihen würdest, was für dich wahrhaftig und authentisch ist? ➔ Halschakra
- Was wäre, wenn du deiner Intuition voll vertrauen und das Leben aus einer höheren Perspektive betrachten könntest? ➔ Stirnchakra
- Was wäre, wenn du in das große Ganze eingebunden wärst und das Göttliche in dir erkennen könntest? ➔ Kronenchakra

CHAKRAS
& Körper

Das Energiesystem der Chakras ist auf das Engste mit dem Körper verbunden. Der physische Zustand und das Körperbewusstsein werden davon beeinflusst, wie frei die Lebensenergie über die Chakras in den Körper und in die Organe fließen kann. Wenn wir mit den Chakras arbeiten und dadurch deren Energie aktivieren, gewinnen wir an Vitalität, stärken unsere Abwehrkräfte und erhalten unsere Gesundheit.

Eine Krankheit zeigt sich zuerst auf energetischer Ebene, bevor wir sie auf körperlicher Ebene wahrnehmen können. Daher hilft uns die Arbeit mit der Chakraenergie, Krankheiten vorzubeugen und unsere Selbstheilungskräfte zu aktivieren. Körperlich gesund zu sein, bedeutet, dass eine natürliche Ordnung und ein Gleichgewicht vorhanden sind. Bei körperlichen Symptomen und Krankheiten liegt eine Störung vor, es gibt Disharmonien bzw. Blockaden, die die Energie daran hindert, frei zu fließen. Befinden sich die Chakras in einem unausgeglichenen Zustand, versucht der Körper, diesen zu kompensieren. Dadurch können Anspannungen und Schmerzen entstehen, die uns einladen, genauer hinzuschauen und die Störung zu beheben.

Physische Probleme stehen stets in Wechselwirkung mit psychischen, emotionalen und seelischen Themen. Wir dürfen lernen, die Signale des Körpers als Botschaften der Seele zu verstehen, die uns aufzeigt, dass in unserem Leben etwas »krank« und aus dem Gleichgewicht geraten ist. Deshalb ist es hilfreich, sich auch mit den Kapiteln zu den Themen »Beziehungen« und »Selbstverwirklichung« zu beschäftigen, um Zusammenhänge zwischen Körper und Seele zu erkennen.

Manchmal ist es wichtig, die Ursache für eine Krankheit herauszufinden, aber manchmal reicht es auch aus, dass die Energie wieder ins Fließen kommt. Wir dürfen darauf vertrauen, dass wir genau jene Erkenntnisse bekommen, die es für die Heilung braucht.

Bei einer chronischen Krankheit kann es sein, dass diese trotz der Arbeit mit der Energie der Chakras bestehen bleibt, sich aber durch die Erhöhung der Schwingungen unsere Einstellung zur Krankheit verändert und wir mit ihr besser umgehen können. Schulmedizinische Therapien können mit der Chakraenergiearbeit gut ergänzt werden.

Wollen wir uns spirituell weiterentwickeln, dürfen wir auch unserem Körper und dem irdischen Dasein unsere Aufmerksamkeit schenken und ihnen unsere Wertschätzung zeigen. Denn je mehr wir im Körperlichen ankommen, uns in und mit unserem Körper wohlfühlen und auf unsere Gesundheit achten, desto intensiver werden wir uns auf der geistigen, spirituellen Ebene entwickeln. Damit holen wir die Spiritualität in unser alltägliches, irdisches Leben und können sie auch körperlich erfahren.

Ein gesunder, ganzheitlicher Lebensstil fährt die Energie der Chakras hoch. Deshalb spielen eine ausgewogene Ernährung, ausreichend Schlaf, Bewegung, Ruhe und Entspannung sowie heilsame Berührungen und eine wohltuende Umgebung eine wichtige Rolle. Belastende Einflüsse dürfen wir reduzieren oder ganz vermeiden, zum Beispiel Nikotin, Alkohol, Drogen, Medikamente (wenn nicht unbedingt notwendig), Zucker, tierische Produkte, Fertignahrung, negative Gedanken und

Nachrichten, digitaler Konsum, belastende Situationen, Stress, Luftverschmutzung, Lärm, elektromagnetische Felder und Strahlungen.

Um die Energie der Chakras anzuheben, ist Yoga empfehlenswert, da es Körper und Geist unterstützt. Wir werden beweglicher und kräftiger, physische Anspannungen werden gelöst, das Immunsystem wird gestärkt, und die Organe werden besser durchblutet. Wir lernen, uns zu konzentrieren und mental zu entspannen.*

In diesem Kapitel erfährst du, welchen Einfluss die Chakras auf den Körper haben. Zu jedem Energiezentrum findest du zugeordnete Körperbereiche, Symptome und Krankheiten. Dadurch erkennst du, mit welchem Chakra du arbeiten solltest. Wenn du dir dennoch unsicher bist, kannst du deine Chakras intuitiv wahrnehmen, um herauszufinden, welches deiner Aufmerksamkeit bedarf (siehe »Die Energie der Chakras wahrnehmen«, S. 26).

---

* In meinem Kartenset »Chakra-Energie«, erschienen im Schirner Verlag, stelle ich verschiedene Asanas vor, die gezielt die Energie der einzelnen Chakras ansprechen.

Wurzelchakra & Körper

Das Wurzelchakra schenkt dem Körper Lebensenergie und Erdung.

Das Wurzelchakra verleiht uns Vitalität und Stabilität. Wir fühlen uns in unserem Körper wohl und achten gut auf ihn, da wir ihn als Zuhause unserer Seele verstehen und wertschätzen.

Dieses Chakra verbindet uns mit der Erde und versorgt uns somit mit der tragenden Energie, die für unser irdisches, körperliches Dasein notwendig ist. Wir können es mit den Wurzeln eines Baumes vergleichen: Je kräftiger diese sind und je tiefer sie reichen, desto widerstandsfähiger ist der Baum, desto besser kann er selbst widrigsten Einflüssen standhalten und desto höher kann er wachsen und sich ausdehnen. Das Wurzelchakra hat aber nicht nur eine stärkende, versorgende Funktion, sondern auch eine reinigende, da negative und überschüssige Energien darüber an die Erde abgegeben werden.

Wenn wir den oberen Chakras übermäßig Aufmerksamkeit schenken, viel im Kopf sind, uns intensiv mit geistigen und spirituellen Themen beschäftigen, kann es sein, dass das Wurzelchakra uns zu erden versucht, indem es uns mehr Stabilität in Form von Materie gibt, zum Beispiel durch Gewichtszunahme an Beinen, Oberschenkeln und Hüften.

Ist unser Bewegungsapparat beeinträchtigt, haben wir beispielsweise Beschwerden oder Verletzungen an Füßen, Beinen, Knien oder am Becken, können wir uns fragen, was unser Weiterkommen im Leben behindert, ob es uns an Vertrauen, Halt und Sicherheit mangelt oder was uns davon abhält, unseren Platz hier auf Erden vollkommen anzunehmen.

Für das Wurzelchakra ist es besonders wichtig, dass wir unsere körperlichen Bedürfnisse im Blick haben und sie stillen. Damit es in Harmonie ist, sollten wir uns also gesund, hochwertig und ausgewogen ernähren, uns die nötigen Erholungspausen gönnen und für einen gesunden, guten Schlaf sorgen.

Durch das Wurzelchakra kommen wir mit unserem Körper in Kontakt. Dieser weiß genau, was ihm guttut und was nicht. Er gibt uns dahin gehend ständig Impulse, aber wir nehmen sie nicht immer wahr. Wenn wir lernen, wieder in unserem Körper präsent zu sein, ihm zuzuhören und seine Botschaften ernst zu nehmen, können wir sehr viel für ihn tun. Indem wir uns Zeiten gönnen, in denen wir uns nach innen wenden, in uns hineinspüren und unseren Empfindungen Raum geben, verfeinern wir unser Körperbewusstsein und die Kommunikation mit unserem Körper.

Menschen mit einem harmonischen Wurzelchakra haben ein gutes Körperbewusstsein. Sie fühlen sich in ihrem Körper wohl und sind mit ihm zufrieden. Ihnen steht ein gutes Maß an Lebensenergie und Vitalität zur Verfügung, und sie haben ein ausgeprägtes Durchhaltevermögen. Sie sind geerdet, stehen mit beiden Beinen fest auf dem Boden und mitten im Leben. Sie vertrauen darauf, dass das Leben gut für sie sorgt und alles da ist, was sie brauchen. Es gelingt ihnen, alle Altersphasen und damit auch die Veränderungen ihres Körpers wertschätzend anzunehmen.

Dem Wurzelchakra zugeordnete Körperbereiche:
Füße • Beine • Knie • Becken • Wirbelsäule • Knochen • Rücken • Nägel • Zähne • Dickdarm • männliche Geschlechtsorgane • Nase (Geruchssinn) • Nebennierendrüsen

Dem Wurzelchakra zugeordnete Krankheiten und Beschwerden:
- Schmerzen in der Wirbelsäule und den Knochen
- Probleme mit Füßen, Beinen, Knien und Hüften
- Beschwerden im Bereich des Steiß- und Kreuzbeines
- Ischias, Hexenschuss
- Osteoporose
- Zahnprobleme
- Nagelerkrankungen
- Arthritis
- hoher oder niedriger Blutdruck
- kalte Füße und Hände
- Kreislaufprobleme, Schwindel

- Ohnmacht
- Krampfadern, Hämorrhoiden
- Verstopfung
- Darmerkrankungen
- Gewichtsprobleme, Fettansammlungen an Beinen, Oberschenkeln und Hüften
- Durchfall
- Energiemangel, Antriebslosigkeit, Erschöpfung, Schwäche
- Erkrankungen durch Stress
- Schlaflosigkeit
- mangelnde Widerstandskraft
- Impotenz, Erkrankungen der männlichen Geschlechtsorgane
- übermäßige Fixierung auf körperliche Bedürfnisse (Essen, Sex, Alkohol …) oder Vernachlässigung derselben

 ## Verbinde dich mit der Erde und der Natur

Kinder sind viel häufiger in Kontakt mit dem Boden und damit besser geerdet als wir Erwachsene. Sie spielen, malen und essen auf dem Fußboden und schauen von dort aus fern.

Verlasse auch du zwischendurch immer einmal wieder den Stuhl oder die Couch, und setze oder lege dich auf den Boden. Zum einen verbindest du dich so bewusst mit der Erde, zum anderen bekommst du eine andere Perspektive auf dein Sein. Negative Energien, die sich in dir angesammelt haben, werden ausgeleitet. Besonders in der Natur ist dies sehr wirksam. Setze oder lege dich ins Gras, auf den Waldboden, auf einen großen Stein oder in den Sand, und genieße die stärkende und reinige Kraft von Mutter Erde.

Auch das Barfußgehen wirkt entladend und energetisierend. Gehe zu Hause barfuß, sooft es dir möglich ist, oder trage nur Socken. Probiere das Barfußgehen auch im Freien aus, und spüre den Kontakt deiner Fußsohlen mit den verschiedenen Unter-gründen.

Gehe so oft wie möglich raus an die frische Luft. Mache Spazier-gänge, und verbinde dich mit der Natur über deine Sinne: Spüre den Wind auf der Haut, nimm die verschiedenen Gerüche wahr, schaue in das satte Grün, das tiefe Blau, und berühre Steine, Bäume und andere Pflanzen.

Wurzelchakra-Meditation: Finde Geborgenheit in dir

Setze dich aufrecht hin, die Fußsohlen berühren den Boden. Schließe die Augen, und richte deine Aufmerksamkeit auf deinen Körper. Nimm ihn bewusst wahr: Füße, Beine, Becken, Rücken, Bauch, Brust, Schultern, Nacken, Arme, Hände, Hals und Kopf.

Nun komme über deinen Körper ganz bewusst in Kontakt mit der Erde, indem du dir vorstellst, dass du ein wenig in die Erde einsinkst. Lasse dich ganz schwer werden. Spüre, wie die

Erde dich auffängt, dich trägt, dir Geborgenheit und Sicherheit schenkt.

Lenke deine Aufmerksamkeit auf deinen Atem. Stelle dir beim Ausatmen vor, wie negative Energien aus jedem Körperteil, aus jedem Organ, aus jeder Zelle strömen, über das Wurzelchakra, das am Ende des Steißbeines liegt, deinen Körper verlassen und in die Erde abfließen. Beim Einatmen nimmst du die nährende, kraftvolle Lebensenergie der Erde über das Wurzelchakra in dich auf und lässt sie in deinen Körper strömen. Sie fließt in jeden Körperteil, jedes Organ, jede Zelle. Die Erdenergie kräftigt dich, schenkt dir Halt, Vertrauen und Lebendigkeit. Atme weiterhin bewusst ein und aus, bis du spürst, dass dein Körper gereinigt und energetisiert ist.

Nimm deinen gesamten Körper wahr, spüre noch einmal die Verbindung zur Erde, bedanke dich für ihre Energie, und sprich laut oder in Gedanken: »Ich bin geborgen und gehalten.« Verweile in der Energie des Getragenseins, solange du möchtest. Dann mache ein paar tiefe Atemzüge, komme zurück ins Hier und Jetzt, öffne die Augen, und recke und strecke dich etwas.

Sakralchakra & Körper

Das Sakralchakra schenkt dem Körper Flexibilität und Beweglichkeit.

Das Sakralchakra ist dem Element Wasser zugeordnet, hängt somit mit den Körperflüssigkeiten zusammen und bringt diese optimal zum Fließen. Es schenkt dem Körper Weichheit und Flexibilität und befreit ihn von Schlacken und Giftstoffen.

Wir dürfen dieses Chakra beleben, wenn es in unserem Körper Stauungen gibt, zum Beispiel in Form von geschwollenen Füßen oder Wassereinlagerungen in den Beinen, und wenn wir ihn zu starr, steif und angespannt erleben. Spannungen oder Schmerzpunkte können ein Hinweis darauf sein, dass in dem betroffenen Körperteil Gefühle gespeichert sind, die verdrängt und nicht gelebt werden, weil sie unerwünscht sind. Deshalb ist es wichtig, die Gefühle fließen zu lassen, ihnen Raum zu geben, statt sie wegzudrücken. Körperarbeit, bewusstes Atmen und Yoga sind sehr hilfreich, um die körperlichen Spannungen zu lösen und die Energie wieder ins Fließen zu bringen.

Das Sakralchakra spielt eine wichtige Rolle bei der Fortpflanzung, der weiblichen Sexualität und dem Monatszyklus. Bei Unfruchtbarkeit und Fehlgeburten ist es daher ratsam, dieses Chakra zu harmonisieren. Zudem sollten wir uns dem Kronenchakra zuwenden, da dieses Einfluss auf die Entstehung und Erneuerung von Ei-, Samen- und Körperzellen hat. Männer sollten sich bei Unfruchtbarkeit zusätzlich mit dem Wurzelchakra beschäftigen, da diesem die männlichen Geschlechtsorgane zugeordnet sind.

Die sexuelle Energie ist zutiefst schöpferisch und ermöglicht neues Leben. Der Energiefluss im Sexualchakra, wie das Sakralchakra auch genannt wird, kann aufgrund negativer sexueller Erfahrungen blockiert sein. Auch Religionen, in denen Sexualität tabuisiert und verurteilt wird, haben durch ihr kollektives Schwingungsfeld eine hemmende Wirkung auf den Energiefluss.

Wenn wir die sexuelle Energie unterdrücken oder blockieren, neigen wir dazu, sie mit etwas anderem zu kompensieren, zum Beispiel zu viel Arbeit oder Sport, und es können körperliche Verspannungen und andere Beschwerden entstehen.

Wir dürfen uns fragen, ob wir eine positive, bejahende Haltung unserem Körper und unserer Sexualität gegenüber haben, ob wir uns erlauben, die körperlichen Freuden zu genießen und unsere sexuellen Bedürfnisse zu befriedigen. Die körperliche Sinnlichkeit zu erleben, ist genauso wichtig wie die geistige Sinnsuche.

Für das Sakralchakra ist ein guter Flüssigkeitshaushalt besonders wichtig. Süße und alkoholische Getränke im Übermaß sollten vermieden werden. Essen und Trinken dürfen Freude machen, so ist es völlig in Ordnung, auch einmal zu naschen und sich kulinarisch zu verwöhnen. Wenn wir unseren Körper zu sehr kontrollieren, zu streng mit ihm sind und ihm Zwänge auferlegen, stören wir den Energiefluss dieses Chakras.

Menschen mit einem harmonischen Sakralchakra schenken sich und ihrem Körper Fürsorge, Zuwendung und liebevolle Aufmerksamkeit. Sie genießen das Leben und die sinnlichen, körperlichen Freuden in all ihren Facetten. Sie lieben es, gut zu essen und zu trinken, stehen zu ihrer Sexualität und leben diese lustvoll aus.

Dem Sakralchakra zugeordnete Körperbereiche:
Nieren • Blase • Harnleiter und -röhre • Nierenbecken • Mund • Zunge (Geschmackssinn) • Lymphsystem • Körperflüssigkeiten • Schleimhäute • Scheide • Gebärmutter • Eierstöcke • Eileiter • Hoden • Samenleiter • Keimdrüsen

Dem Sakralchakra zugeordnete Krankheiten und Beschwerden:
- Beschwerden im Unterleib, mit dem Harnleiter, den Lymphen und dem Blutkreislauf
- Erkrankungen von Gebärmutter, Eierstöcken und Eileiter
- Geschlechtskrankheiten
- Orgasmusprobleme
- sexuelle Lustlosigkeit oder zwanghaftes sexuelles Verhalten
- Störungen im weiblichen Zyklus, Menstruationsbeschwerden
- Unfruchtbarkeit
- Erkrankung von Prostata und Hoden

- Blasenentzündungen, Blasenschwäche, Harnwegsinfektionen
- Beschwerden im Mundraum
- Nierensteine
- Probleme mit Körperflüssigkeiten (Blut, Schleim, Urin, Tränen, Speichel)
- geschwollene Beine und Füße
- Fettansammlungen am Unterbauch und an Hüften
- Essstörungen
- Appetitmangel
- körperliche Starre
- Verspannungen und Rückenbeschwerden im Bereich des Sakralchakras

Entgifte und reinige deinen Körper

Um dein Sakralchakra zu beleben, achte darauf, dass du über den Tag verteilt ausreichend Flüssigkeit, am besten stilles Wasser, zu dir nimmst. Trinke bereits morgens auf nüchternen Magen ein Glas lauwarmes Wasser mit einer Prise Salz und etwas Saft einer frisch gepressten Zitrone. Das hat eine harntreibende Wirkung, du kurbelst deinen Stoffwechsel an, es unterstützt dich beim Abnehmen und wirkt sich positiv auf die Verdauungsorgane aus.

Führe zwei- bis dreimal jährlich eine Entgiftungskur durch: Trinke dazu drei Wochen lang eine Tasse Brennnesseltee am Morgen. Sehr gut für die Reinigung und Entgiftung des Körpers ist auch die Einnahme von Zeolith, einem Vulkangestein, und von Spirulina, einer Algenart.

Sakralchakra-Meditation: Bringe deine Gefühle zum Fließen

Diese Meditation ist besonders bei chronischen körperlichen Verspannungen hilfreich. Dein Körper weiß genau, wie er diese lösen kann. Also setze dich bitte nicht unter Druck, unbedingt etwas lockern und ins Fließen bringen zu müssen, sondern vertraue darauf, dass das geschieht, was am besten für dich ist.

Setze oder lege dich hin, und schließe die Augen. Lasse deinen Atem ganz natürlich ein- und ausströmen, und richte deine Aufmerksamkeit auf deinen Körper. Spüre in ihn hinein. Gibt es Bereiche, die angespannt sind, wo du Druck wahrnimmst? Vielleicht im Kopf, im Nacken, im Bauch oder in den Beinen?

Wo nimmst du am meisten Anspannung oder Druck wahr? Lenke den Atem dorthin, und atme ganz weich und sanft in diesen Bereich hinein. Stelle dir beim Einatmen vor, wie durch den Atem die Anspannung oder der Druck behutsam aufgelöst wird, Schicht für Schicht. Mit jedem Einatmen wird das Gewebe etwas durchlässiger, weicher und lockerer. Die Energie beginnt, wieder zu fließen. Stelle dir beim Ausatmen vor, wie mit dem Atem die Anspannung oder der Druck aus deinem Körper getragen wird. Atme ein, und löse auf. Atme aus, und lasse los.

Wenn du möchtest, kannst du das Loslassen mit einem Ton wie einem Seufzer unterstützen. Öffne den Mund, atme aus, und lasse den Ton entstehen.

Vielleicht kannst du auch wahrnehmen, dass die Anspannung oder der Druck mit negativen Gefühlen verbunden ist. Du darfst alles fühlen, was da ist. Erlaube, dass deine Gefühle ins Fließen kommen. Atme, und gib ihnen so Raum. Nimm sie wahr, fühle sie, und benenne sie laut oder in Gedanken: »Ich bin traurig«, »Ich bin wütend«, »Ich habe Angst« …

Führe dieses meditative Atmen so lange durch, bis du spürst, dass sich etwas in dir bewegt oder löst. Sprich laut oder in Gedanken: »Ich lasse all meine Gefühle fließen.«

Lasse zum Abschluss den Atem wieder ganz natürlich fließen, öffne die Augen, und recke und strecke dich etwas. Trinke noch ein Glas Wasser, um das Fließen der Gefühle und der Energie zu unterstützen.

Solarplexuschakra & Körper

Das Solarplexuschchakra schenkt dem Körper Kraft und Präsenz.

Dieses Chakra ist mit dem Element Feuer verbunden. Es ist das Zentrum unserer Lebensenergie, unsere innere Sonne. Es verleiht uns körperliche Stärke und Präsenz und ermöglicht uns ein selbstbewusstes Auftreten im Außen. Zudem liegt hier unser Bauchgefühl, durch das unser Körper intuitiv und sensibel darauf reagieren kann, was in unserem Umfeld passiert.

Das Solarplexuschakra lässt das Feuer in unseren Verdauungsorganen brennen, sodass unsere Nahrung verwertet werden kann. Darüber hinaus verarbeitet und verdaut es unsere Erlebnisse und Eindrücke. Negative Gedanken, Sorgen, Stress und emotionale Belastungen beeinflussen es negativ.

Da wir in diesem Chakra offen für die Gefühle anderer Menschen und die Energien in unserem Umfeld sind, ist es vor allem für feinfühlige Menschen wichtig, zu lernen, sich von Situationen und Personen abzugrenzen, die ihnen nicht guttun, wie auch eine gesunde Distanz zu bestimmten Themen zu wahren.

Der Körper neigt dazu, fehlende Energie im Solarplexuschakra durch Fettansammlungen am Bauch zu kompensieren. Das Bauchfett wirkt wie ein Schutzpolster, eine Abgrenzung nach außen hin. Gleichzeitig sind darin Gefühle und Themen gespeichert, die noch nicht verarbeitet wurden. Anstatt uns mit den Blockaden im Bauchraum auseinanderzusetzen und sie zu lösen, tendieren wir dazu, sie zu verdrängen, indem wir übermäßig viel essen, uns mit Süßigkeiten aufputschen oder uns mit Alkohol betäuben.

Für das Solarplexuschakra ist es besonders wichtig, den Körper mit gesunden, natürlichen und hochwertigen Lebensmitteln zu versorgen. Am besten ist es, wenn wir auf unseren Bauch hören und erst dann etwas essen, wenn wir wirklich Hunger haben und unser Magen für die Aufnahme von Nahrung bereit ist. Dann sollten wir uns in aller Ruhe hinsetzen, uns beim Essen Zeit lassen und ganz langsam kauen, um die Magensäfte anzuregen.

Zudem ist es empfehlenswert, herausfinden, welche Nahrung uns gut bekommt und welche nicht. Der Verdauungsprozess und der Stuhlgang geben Aufschluss darüber. Lebensmittel, die nicht wirklich nahrhaft sind und die Verdauungsorgane belasten, indem sie uns zum Beispiel schwer im Magen liegen oder Blähungen verursachen, sollten wir vermeiden.

Neben den Verdauungsorganen hat das Solarplexuschakra auch Einfluss auf unsere Augen. Diese sind zwar in erster Linie dem Stirnchakra zugeordnet, dennoch können Blockaden im Solarplexuschakra, die beispielsweise durch ungesunde Ernährung oder unterdrückte Wut verursacht wurden, unseren Sehsinn beeinträchtigen. Daher ist es ratsam, sich bei Augenproblemen und -erkrankungen beiden Chakras zuzuwenden.

Menschen mit einem harmonischen Solarplexuschakra sind sehr präsent und zeigen sich gern. Ihr Auftreten ist kraftvoll und klar. Sie können mit Stresssituationen gut umgehen und ihre Erfahrungen und Gefühle mit Leichtigkeit verdauen. Ihr Gespür für die nötige körperliche Nähe und Distanz ist gut ausgebildet. Sie sind in der Lage, die aufgenommene Nahrung effizient zu verwerten, und haben keine Probleme mit ihrem Gewicht.

Dem Solarplexuschakra zugeordnete Körperbereiche:
Magen • Leber • Galle • Bauchspeicheldrüse • Milz • Dünndarm, Dickdarm bis Enddarm • Zwerchfell • Augen (Sehsinn) • Muskulatur • Bindegewebe

Dem Solarplexuschakra zugeordnete Krankheiten und Beschwerden:
- Beschwerden mit den Verdauungsorganen (Magen, Leber, Galle, Bauchspeicheldrüse, Milz)
- Magengeschwüre
- Schmerzen im Oberbauch
- Darmerkrankungen
- Verdauungsstörungen
- Übergewicht und Fettansammlungen am Oberbauch

- Probleme mit dem Bindegewebe und den Muskeln
- Sodbrennen
- Übelkeit
- Ess-, Brech- oder Magersucht
- Schlafstörungen
- Verspannungen, Rückenschmerzen auf der Höhe des Solarplexuschakras
- Augenbeschwerden
- Diabetes

 ## Tipps für eine gesunde Abgrenzung

Über das Solarplexuschakra nimmst du die Energien von anderen Menschen in dich auf. Lerne daher, eine gesunde Distanz zu wahren und bei dir zu bleiben, sonst bist du wie ein Schwamm, der Fremdenergien in sich aufsaugt.

Diese Übungen kannst du anwenden, wenn du sehr feinfühlig bist und es dir schwerfällt, dich abzugrenzen. Sie sind hilfreich bei unangenehmen Gesprächen und in anderen Situationen, in denen du dich nicht wohlfühlst und du merkst, dass deine Energie abfließt bzw. schwächer wird, sowie an Orten, wo viele Menschen sind.

Du kannst dein Solarplexuschakra schließen, indem du die Arme vor dem Körper verschränkst. Zudem kannst du die Hände zu Fäusten ballen und die Daumen dabei mit den anderen Fingern umschließen. Oder du überkreuzt im Stehen oder Sitzen die Beine. All das bewirkt, dass sich dein Energiefeld schließt, es kommt nichts mehr rein oder raus.

Eine weitere Möglichkeit ist, dass du dir dein Solarplexuschakra als eine Sonnenblume vorstellst. Visualisiere, wie sich die Blütenblätter schließen und damit auch das Chakra. Sobald die unangenehme Situation vorbei ist, kannst du es wieder öffnen, indem du die Blütenblätter sich entfalten lässt.

Auch das Erschaffen einer schützenden Lichtkugel ist hilfreich. Stelle dir vor, du befindest dich in einer goldenen Lichtkugel. An der Außenseite dieser Kugel prallen alle störenden, unangenehmen Energien einfach ab. Nur jene Energien und Informationen, die für dich hilfreich und gut sind, können sie durchdringen und zu dir gelangen.

 ## Solarplexuschakra-Meditation: Aktiviere deine Kraft

Lege oder setze dich hin, und schließe die Augen. Lege die Hände auf dein Solarplexuschakra, das sich oberhalb des Bauchnabels befindet, und atme einige Male langsam in diesen Bereich hinein. Gib deinem Bauch den Raum, den er braucht, und lasse ihn sich ausdehnen.

Spüre, ob sich in deinem Bauch Gefühle oder Energien befinden, die nicht verdaut sind oder gar nicht zu dir gehören. Vielleicht kannst du sie als Schwere, Druck oder Enge wahrnehmen. Atme nun ganz tief in den Bauchraum hinein, dann atme kraftvoll und scharf aus. Stelle dir vor, wie beim Ausatmen all das, was dir schwer im Bauch liegt, alle Gefühle und Energien, die dich belasten, herausgeschleudert werden. Wenn du möchtest, kannst du dabei stöhnen, keuchen oder schreien. Mache dies so lange, bis du eine Erleichterung verspürst.

Nun visualisiere, wie du mit jedem Einatmen neue Kraft in dich aufnimmst. Beim Ausatmen lässt du diese in dein Solarplexuschakra und weiter in dein Energiefeld fließen, bis deine gesamte Aura damit ausgefüllt ist. Sprich laut oder innerlich: »Ich bin in meiner Kraft.« Dehne das Kraftfeld so weit aus, wie es für dich passt. Spüre deine innere und äußere Präsenz.

Ruhe in dieser Kraft, solange du möchtest. Komme dann zurück ins Hier und Jetzt, indem du einige vertiefende Atemzüge machst, die Augen öffnest und dich etwas reckst und streckst.

Herzchakra & Körper

Das Herzchakra schenkt dem Körper Kontakt und Berührung.

Das Herzchakra ist mit dem Element Luft und auf physischer Ebene mit dem Herzen, der Atmung und der Haut verbunden. Über unseren Atem stehen wir im ständigen Austausch mit der Außenwelt, und über die Haut kommen wir mit Menschen, Tieren und der Natur in körperlichen Kontakt und lassen uns von ihnen auch auf emotionaler Ebene, im Herzen, berühren.

Eine tiefe, freie Atmung schenkt dem Körper frische Energie. Beim Einatmen gelangt nährender Sauerstoff über die Lunge ins Blut. Das Herz pumpt das Blut über die Blutbahnen in unseren gesamten Körper, wodurch jede Zelle mit Sauerstoff versorgt wird. Beim Ausatmen wiederum werden über 70 Prozent der Abfallprodukte, die im Körper angefallen sind, nach außen getragen. Weitere 20 Prozent werden über die Haut ausgeschieden. Somit wird der Stoffwechsel wesentlich von der Energie des Herzchakras beeinflusst.

Auch unser Immunsystem hängt mit dem Herzchakra zusammen. Ist die Energie des Chakras harmonisch, kann sie die Abwehr von Krankheitserregern regulieren und somit die Entstehung von Allergien vermeiden.

Schmerzhafte emotionale Erfahrungen haben nicht nur Auswirkungen auf das Herzchakra, sondern auch auf das organische Herz. Lässt man aus Angst, erneut verletzt oder enttäuscht zu werden, keine wirkliche Nähe mehr zu, wird dieses nicht ausreichend mit Energie versorgt. Herzerkrankungen können die Folge sein.

Für das Herz ist ein abwechslungsreiches Leben besonders wichtig, denn der Wechsel zwischen Spannung und Entspannung, zwischen Phasen der Anstrengung und der Erholung, wirkt sich positiv auf die Herzratenvariabilität aus. Das sind die Abstände zwischen den einzelnen Herzschlägen. Je größer die Unterschiede, desto anpassungsfähiger ist das Herz, kommt also sowohl mit körperlichen Anstrengungen als auch mit belastenden emotionalen Situationen besser zurecht.

Die Herzratenvariabilität kann durch Sport, zum Beispiel Intervalltraining, und andere Formen der Bewegung, die mit einer intensiveren Atmung einhergehen, trainiert werden. Bei Herzbeschwerden sollte natürlich vorab ein Arzt konsultiert werden.

Menschen mit einem harmonischen Herzchakra genießen die körperliche Nähe zu Menschen und Tieren. Sie können sich anderen öffnen und lassen sich von ihnen emotional berühren. Ihr Herz ist gesund und sowohl in körperlicher als auch emotionaler Hinsicht belastbar. Ihr Atemfluss ist ruhig, tief und frei und normalisiert sich nach Anstrengungen schnell wieder.

Dem Herzchakra zugeordnete Körperbereiche:

Herz • Lunge • Brust, Brustkorb • Haut • Hände (Tastsinn) • Unterarme • Immunsystem • Kreislauf • Thymusdrüse

Dem Herzchakra zugeordnete Krankheiten und Beschwerden:

- Herz-Kreislauf-Erkrankungen
- Herzrhythmusstörungen
- Herzrasen
- Durchblutungsstörungen
- erhöhte Cholesterinwerte
- Blutdruckprobleme
- Lungenentzündung und andere Lungenerkrankungen
- Atembeschwerden
- Asthma
- Bronchitis
- Verspannungen und Rückenschmerzen im Brustwirbelbereich
- Fettansammlungen im Brustbereich
- Rheuma in den Armen und Händen
- Verletzungen an und Schmerzen in den Armen, Händen oder Schultern
- Hauterkrankungen
- Allergien
- Immunschwäche
- Infektionen

Deine Haut atmen lassen

Die Haut ist unser größtes Organ und dem Herzchakra zugeordnet. Sie spielt für unsere Gesundheit und unser körperliches Wohlbefinden eine entscheidende Rolle, indem sie uns vor Umwelteinflüssen schützt und wesentliche Funktionen im Bereich des Stoffwechsels, der Wärmeregulation und der Immunantwort übernimmt. Sie verfügt über vielfältige Anpassungs- und Abwehrmechanismen. Du kannst deine Haut durch Trockenbürsten und Kaltwasseranwendungen bei der Erfüllung ihrer Aufgaben unterstützen. Achte auch darauf, welche Hautpflegemittel und wie viel davon du verwendest. Bevorzuge Kosmetika mit natürlichen und biologischen Inhaltsstoffen ohne Mikroplastik. Denn alles, womit deine Haut in Kontakt kommt, gelangt auch in deinen Organismus.

Die folgende Porenatmung aktiviert die Durchblutung der Haut. Sie stammt aus dem Buch »Atemtechniken«[*] von Markus Schirner. Du kannst sie im Sitzen oder Liegen durchführen.

Entspanne deinen ganzen Körper, und atme zuerst ganz aus. Dann atme tief über die Nase ein, und ziehe dabei in deiner Vorstellung die Luft über sämtliche Hautporen in dich herein. Spüre, wie die Poren deiner Haut gleichzeitig mit der Lunge Energie aufnehmen und sie deinem Körper zuführen. Fühle dich wie ein trockener Schwamm, der in einen See von Lebensenergie getaucht wird und alles aufsaugt. Lasse die Luft durch den Mund oder durch die Nase von allein und ohne großen Druck entweichen. Führe die Übung mindestens 10 Minuten lang durch.

---

[*] Markus Schirner: Atemtechniken. Einfache Atemübungen zur Selbstheilung, Verjüngung und Harmonisierung, Schirner Verlag 2020, S.60.

Herzchakra-Meditation: Empfange deine Liebe

Lege oder setze dich hin, und schließe die Augen. Lege eine Hand auf dein Herzchakra, das sich in der Brustmitte auf Höhe des Herzens befindet, und stelle dir vor, wie du durch dieses Chakra ein- und ausatmest. Mit jedem Einatmen nimmst du frische, reine Luft in dich auf und lässt beim Ausatmen alles Überflüssige und Belastende los.

Mache dies für einige Atemzüge, und lasse dich dabei in die Energie deines Herzens hineinsinken. Du spürst, wie die Liebe deines Herzens dich empfängt und auffängt und dir ein Lächeln auf die Lippen zaubert. Lasse dich noch etwas tiefer in dein Herz hineinfallen. Spüre voller Dankbarkeit seine Wärme, und nimm seine Liebesenergie noch intensiver wahr.

Nun lasse die Liebesenergie aus dem Herzen in deinen gesamten Körper strömen. Es ist unendlich viel da. Spüre, wie die Liebe vom Herzchakra ausgehend in alle Richtungen fließt, in jeden Körperbereich, zu jedem Organ, in jede Zelle hinein. Beobachte, wie die Energie fließt, und schenke deinem Körper ein Lächeln.

Du wirst von Liebe durchflutet. Erlaube ihr, dass sie sich in deinem Energiefeld ausdehnt und du vollkommen in Liebe eingehüllt bist. Sprich laut oder innerlich die Worte: »Ich bin Liebe.« Ruhe in dieser Verbundenheit und Liebe, solange es dir behagt.

Lasse dir Zeit, um ins Hier und Jetzt zurückzukommen. Nimm dazu einen tiefen Atemzug, öffne langsam die Augen, und recke und strecke dich etwas.

Halschakra & Körper

Das Halschakra schenkt dem Körper Reinheit und Ausdruckskraft.

Dem Halschakra ist das Element Äther zugeordnet. Der Äther ist der Raum, der uns umgibt und unserer Stimme den Klang und damit Ausdruck verleiht. Durch dieses Chakra können wir uns der Welt mitteilen und unser Innerstes ausdrücken. Jedoch gelingt uns dies nicht immer so reibungslos, wie wir es gern hätten: Ein Kloß im Hals, eine zitternde Stimme, Stottern, Räuspern, aber auch Heiserkeit, Erkrankungen an der Schilddrüse sowie Verspannungen im Kiefer-, Nacken- oder Schulterbereich blockieren uns in unserem Ausdruck und geben einen Hinweis darauf, dass im Halschakra etwas festsitzt.

Unser Gehör ist ebenfalls dem Halschakra zugeordnet. Bei Beschwerden mit den Ohren können wir uns fragen: »Was kann oder will ich nicht mehr hören?« Wir verschließen uns, wenn Menschen zu laut und fordernd sind, und machen bei einem hohen Lärmpegel dicht. Auch wenn wir unserer inneren Stimme kaum oder kein Gehör schenken, kann sich dies negativ auf die

Gehörorgane auswirken. Ohrensausen und Ohrgeräusche sind somit womöglich ein Hinweis darauf, dass uns unsere Intuition etwas mitzuteilen hat und wir in uns hineinlauschen sollten, um ihre Botschaft zu vernehmen. Da das Halschakra zudem für die Verbindung zur Geistigen Welt steht, kann auch diese sich über die Ohren bemerkbar machen.

»Vishuddha« ist das Sanskritwort für Halschakra und bedeutet »Reinheit«. Dieses Energiezentrum hat somit die Aufgabe, unseren Körper rein zu halten. Es hilft uns, organische, aber auch emotionale Belastungen loszulassen, zum Beispiel durch Seufzen, Gähnen, Spucken, Husten und Erbrechen. Auch Reden wirkt befreiend. Wenn wir nicht sagen, was uns belastet, was wir möchten und uns wünschen, schlucken wir es runter. Es liegt uns dann schwer im Magen und beeinflusst damit unser Solarplexuschakra.

Wir drücken uns nicht nur über unsere Stimme, sondern auch über unsere Körperhaltung aus. Ist sie gerade und aufrecht, oder sind die Schultern und der Nacken eher nach vorn gebeugt? Die äußere Haltung zeigt auf, mit welcher inneren Haltung ein Mensch durchs Leben geht. Unsere innere Einstellung, unsere Gefühle und Gedanken lassen sich an der Körpersprache und vor allem an der Mimik ablesen.

Körperliche Krankheiten können wir als Ausdruck der Seele verstehen. Wir dürfen also lernen, die Sprache unseres Körpers zu verstehen, um so zu erkennen, was unsere Seele uns sagen möchte und was in unserem Leben im Ungleichgewicht ist.

Angenehme Klänge und Worte können auf unseren Körper eine tiefgehende heilsame Wirkung haben, indem sie in ihm die Erinnerung an seinen ursprünglichen, optimalen Zustand, daran, wie er sein sollte, wachrufen, wodurch er beginnt, sich diesen harmonischen Urschwingungen anzugleichen. Besonders die Töne von Klangschalen, das Singen von Mantras und das Hören von geführten, mit sanfter Musik unterlegten Meditationen aktivieren die Selbstheilungskräfte und fördern die Entspannung, Regeneration und Heilung.

Menschen mit einem harmonischen Halschakra teilen sich wahrhaftig und authentisch mit. Sie haben eine klare und kräftige Stimme. Man hört ihnen gern zu, und sie selbst sind gute Zuhörer. Sie bringen ihre Energie auf körperlicher, aber auch emotionaler und geistiger Ebene klar und selbstverständlich zum Ausdruck. Sie stehen zu sich selbst und haben einen guten Zugang zu ihrer inneren Stimme, ihrer Intuition.

Dem Halschakra zugeordnete Körperbereiche:
Mund • Zähne • Rachen • Kiefer • Kehlkopf • Ohren • Nase • Nacken • Schultern • Schilddrüse

Krankheiten und Beschwerden, die dem Halschakra zugeordnet sind:
- Halsschmerzen
- Stimmprobleme
- Heiserkeit
- Kehlkopf- und Mandelentzündungen
- Sprachstörungen
- Schilddrüsenüber- oder -unterfunktion

- Erkältungen
- Ohrenschmerzen
- Mittelohrentzündung
- Hörsturz
- Tinnitus und Ohrensausen
- Verspannungen und Schmerzen im Hals-, Nacken- und Schulterbereich
- Zahnschmerzen
- Zahnfleischentzündungen
- Zähneknirschen
- Beschwerden mit Speise- oder Luftröhre
- Probleme im Mundraum und Kieferbereich
- Aphten

Brahma Mudra – Entspanne deinen Nacken

Brahma Mudra ist eine Übung aus dem Yoga, bei der du den Kopf in vier Richtungen drehst und beugst und so den Nacken und die Schultern entspannst und dehnst. Der Name kommt vom hinduistischen Schöpfergott Brahma, der mit seinen vier Köpfen die vier Himmelsrichtungen symbolisiert.

Sitze aufrecht, und hebe den Brustkorb etwas an. Der Kopf befindet sich in einer natürlichen Position, und du blickst geradeaus. Schließe die Augen, und lasse den Atem langsam und ruhig fließen.

Bewege nun sehr langsam den Kopf so weit nach links, wie es dein Körper zulässt. Du sollest keine Schmerzen verspüren, nur eine leichte Dehnung. Verweile so drei Atemzüge lang.

Komme dann mit dem Kopf in die Mitte zurück, und mache dasselbe zur rechten Seite hin.

Nun lasse den Kopf sehr langsam nach hinten absinken. Achte darauf, ihn nicht zu weit in den Nacken zu legen. Verbleibe drei Atemzüge lang in dieser Position, bevor du wieder in die Ausgangsstellung zurückkehrst.

Senke dann den Kopf nach vorn, also mit dem Kinn in Richtung Hals. Kehre nach drei Atemzügen in die Ausgangsposition zurück.

Spüre noch etwas nach, und öffne dann die Augen. Wenn du magst, kannst du dich anschließend ein wenig recken und strecken.

Halschakra-Meditation: Befreie deinen Ausdruck

Lege oder setze dich hin, schließe die Augen, und nimm deinen Atem wahr. Lenke deine Aufmerksamkeit auf dein Halschakra, das sich etwas unterhalb des Kehlkopfes befindet, und stelle dir vor, wie du durch dieses Chakra pure Lebensenergie in dich einatmest. Wenn du den Impuls hast, den Kiefer oder Nacken zu bewegen, tue dies.

Fließt dein Atem leicht und angenehm, oder wird er von etwas im Hals blockiert? Möchtest du all das, was du nicht ausgesprochen und ausgedrückt hast, all das, was in deinem Halschakra festsitzt, jetzt loszulassen? Dann sage laut oder in Gedanken: »Ja.«

Du kannst jetzt mit deinem Atem alles loslassen. Nimm einen tiefen Atemzug, und lasse das, was im Halschakra festhängt, mit einem langen Ausatmen hinausfließen. Wenn du magst, kannst du den Vokal »e« tönen. Mache dies einige Atemzüge lang, bis dein Halschakra offener, weiter und klarer wird.

Stelle dir nun vor, wie du hellblaues Licht einatmest und dieses Licht den Hals, den Nacken, den Schulterbereich und die Schilddrüse erstrahlen lässt. Das hellblaue Licht schenkt dir und deinem Halschakra Weite, Freiheit und Ausdehnung. Lasse den Atem sanft weiterfließen, und sage laut oder in Gedanken: »Ich spreche wahrhaftig.«

Nimm zum Abschluss einen tiefen Atemzug, und komme ins Hier und Jetzt zurück. Öffne die Augen, und lasse die Schultern kreisen. Trinke danach bewusst einige Schluck Wasser, um den Hals zu reinigen.

Stirnchakra & Körper

Das Stirnchakra schenkt dem Körper eine klare Sicht und schöpferische Kraft.

Das Stirnchakra ist mit dem Element Geist verbunden. Es schenkt uns klare Gedanken und eine übergeordnete Sicht auf die Dinge. Durch die Kraft und Fokussierung unserer Gedanken sind wir in der Lage, schöpferisch zu sein und zu manifestieren. Um die Selbstheilungskräfte anzuregen, ist es wichtig, die Aufmerksamkeit auf Heilung und Gesundung zu richten, nicht auf den Schmerz oder die Krankheit. Insofern helfen Visualisierungen, in denen wir uns einen optimalen, gesunden Zustand vorstellen.

Die dem Stirnchakra zugeordnete Zirbeldrüse ist sowohl für unseren Schlaf als auch für unsere intuitiven Fähigkeiten wichtig. In der Zirbeldrüse wird das Hormon Melatonin produziert, das unseren natürlichen Tag-Nacht-Rhythmus steuert. Damit sie nicht verkalkt, sollten künstliche Fluoride und tierische Produkte vermieden werden. Die Einnahme von Kokosöl, Spirulina, Betonit und Zeolith wirkt kalklösend und reinigend, zudem wird dadurch die Sehfähigkeit gestärkt. Zwei Stunden vor dem Schlafengehen sollten Lichtquellen wie PC, Smartphone und Co. vermieden werden, da deren künstliches Blaulicht Einfluss auf die Melatoninproduktion hat. Ein komplett dunkles Schlafzimmer, das frei von elektromagnetischen Strahlungen ist, ist ebenso förderlich für einen gesunden Schlaf.

Ein klarer Geist ist für die körperliche Gesundheit wesentlich. Deshalb sollten wir ein Übermaß an negativen Gedanken, Sorgen, Ängsten und Stress vermeiden. Zu große Kopflastigkeit, eine Überbetonung des Verstandes und Reizüberflutungen verunreinigen unseren Geist. Dies erzeugt Druck und Spannungen, die zu Kopfschmerzen, Migräne und Augenproblemen führen können. Deshalb sind regelmäßige Phasen geistiger Entspannung und mentalen Fastens wichtig: Wir vermeiden Zerstreuungen und Ablenkungen, schaffen Online-Pausen, konzentrieren uns auf das Wesentliche, meditieren, machen Fantasiereisen, träumen oder tun einfach einmal gar nichts. So kann sich der Geist beruhigen und wieder öffnen.

Bei Fehlsichtigkeiten und Augenerkrankungen kann die geistige Sicht auf die Dinge getrübt, unscharf oder einseitig sein, oder wie verschließen die Augen vor etwas. Unterdrückte, nicht gelebte Gefühle blockieren das Stirnchakra und damit die Sehfähigkeit. Sind wir kurzsichtig, sollten wir uns fragen, ob wir etwas im äußeren weiteren Umfeld nicht wahrhaben möchten oder uns die Zukunft Angst macht. Sind wir weitsichtig, kann das ein Hinweis darauf sein, dass wir Augenmerk auf den Umgang mit unserer Wut legen sollten. Bei Altersweitsichtigkeit dürfen wie überprüfen, ob wir den Blick auf naheliegende und persönliche Themen vermeiden. Eine Hornhautverkrümmung kann darauf hinweisen, dass wir, statt den eigenen Ideen und Zielen treu zu bleiben, uns von anderen immer wieder vom eigenen Weg abbringen lassen.

Menschen mit einem harmonischen Stirnchakra übernehmen die Verantwortung für ihre Gesundheit. Sie erkennen die Zusammenhänge von körperlichen und emotionalen Themen und sind dahin gehend bereit, dort etwas in ihrem Leben zu ändern, wo es notwendig ist. Es ist ihnen bewusst, dass es neben der materiellen eine geistige Ebene gibt, die sie aktiv nutzen, um ihre Gesundheit zu erhalten. Sie haben ein gutes Gedächtnis, und es fällt ihnen leicht, sich zu konzentrieren und zu fokussieren.

Dem Stirnchakra zugeordnete Körperbereiche:
Augen • Nervensystem • Kopf • Stirn • Stirnhöhle und Nasennebenhöhlen • Gehirn (Gedächtnis) • Zirbeldrüse

Dem Stirnchakra zugeordnete Krankheiten und Beschwerden:
- Augenerkrankungen
- Sehschwächen und -störungen
- Bindehautentzündung
- Kopfschmerzen und Migräne
- Schnupfen
- Nebenhöhlen- und Stirnhöhlenentzündungen
- Erkrankungen des Nerven- und Immunsystems
- schnupfenähnliche Allergien
- Gehirnerkrankungen
- Beschwerden im Gesichts- und Nasenbereich
- Konzentrationsschwäche
- Schlafstörungen
- neurologische Störungen

- Geisteskrankheiten
- Gedächtnisprobleme
- Epilepsie

 ## Lavendel zum Einschlafen und Loslassen

Eine erholsame Nachtruhe ist entscheidend für unsere Gesundheit. Wenn du Probleme hast, einzuschlafen, oder nachts immer wieder aufwachst, verreibe kurz vor dem Zubettgehen einen Tropfen hochwertiges, reines Lavendelöl in den Handinnenflächen, und atme von dort aus den Duft ein. Du kannst auch einen Tropfen auf dein Kopfkissen geben.

Lavendel schenkt dir innere Ruhe und Entspannung. Es löst Ängste und hilft dir, alles, was dich gedanklich beschäftigt, loszulassen. So kannst du dich vertrauensvoll in das Reich der Träume begeben.

 ## Stirnchakra-Meditation: Kläre deinen Blick

Lege oder setze dich hin, und schließe die Augen. Gehe mit deiner Aufmerksamkeit zu deinem Stirnchakra, das sich oberhalb der Augenbrauen in der Stirnmitte befindet. Lenke den Atem dorthin, indem du durch die Nase atmest und dir vorstellst, wie der Atem durch das Stirnchakra strömt. Mache dies für zwei bis drei Minuten. Spüre, was sich verändert. Vielleicht kannst du ein Kribbeln oder Pulsieren in diesem Bereich wahrnehmen.

Stelle dir nun vor, dass dein Stirnchakra ein Fenster hat, und betrachte dieses Fenster. Ist es klein oder groß? Ist es sauber oder schmutzig? Hast du einen klaren Blick hindurch? Du kannst jetzt alles, was deine Wahrnehmung begrenzt und trübt, auflösen. Stelle dir vor, du hast einen Schwamm in der Hand und reinigst damit das Fenster.

Durch diese Reinigung löst du deine Fixierungen und Begrenzungen auf. Beseitige alles, was deine Sicht in irgendeiner Weise trübt: Vorhänge, Schleier … Erlaube dir einen freien, klaren Blick.

Wenn du möchtest, kannst du das Fenster auch vergrößern, damit deine Sicht weiter und umfassender wird. Was kannst du erkennen, wenn du durch das Fenster blickst? Deine Wahrnehmung dehnt sich aus, deine Augen sehen klar und deutlich. Sprich laut oder in Gedanken: »Ich sehe klar und umfassend.«

Wenn du so weit bist, öffne die Augen, recke und strecke dich etwas, und schaue dich langsam um. Werde dir bewusst, ob sich an deiner Sichtweise etwas geändert hat, du die Dinge um dich herum klarer sehen kannst.

Kronenchakra & Körper

Das Kronenchakra schenkt dem Körper die universelle Lebensenergie.

Dem Kronenchakra ist als Element die reine Essenz zugeordnet, die auch als »kosmisches Bewusstsein«, »Nichts« oder »göttliche Liebe« bezeichnet wird. Über dieses Chakra nehmen wir die universelle, lichtvolle Lebensenergie in uns auf, die über die Hirnanhangsdrüse in unser zentrales Nervensystem weitergeleitet wird. Diese Drüse reguliert unseren Hormonhaushalt, beeinflusst die Zellbildung, die Zellregeneration und aktiviert die Energiequellen des Körpers. Die Alterungsprozesse verlangsamen sich, und wir bleiben körperlich fit und geistig jung.

Bei allen chronischen Krankheiten wie auch Krebserkrankungen ist es wichtig, sich mit dem Kronenchakra zu beschäftigen. Dadurch kann die tiefere Bedeutung und spirituelle Dimension einer Krankheit erkannt werden, und das Vertrauen in eine höhere Ordnung wird gestärkt.

Unser begrenztes irdisches, körperliches Dasein bekommt durch dieses Chakra eine höhere und weitere Dimension, da wir in uns auch als unvergängliche, geistige Wesen sehen können. Seine Energie schenkt uns Heilung auf allen Ebenen.

Wenn wir mit der Energie des Kronenchakras arbeiten, sollten wir zuerst immer das Wurzelchakra stärken, um eine gute Erdung und Anbindung zu haben. Je verwurzelter und bodenständiger wir sind, desto höher und weiter kann sich unser Bewusstsein ausdehnen.

Eine rein pflanzliche Ernährung wie auch regelmäßiges körperliches Fasten sind für das Kronenchakra unterstützend. Unsere Energien werden feiner, schwingen höher, unser Lichtkörper wird durchlässiger. Wir brauchen nicht mehr so viel Nahrung aufzunehmen, sondern werden zunehmend über das Kronenchakra mit Energie versorgt.

In seinem Buch »Chakren fühlen, ausgleichen und anregen«* schreibt Reinhard Stengel, dass wir ungefähr 60 Prozent unseres Energiebedarfes über die Chakras, 20 Prozent über die Bewegung und weitere 20 Prozent über die Nahrung aufnehmen. Wenn unsere Chakras tadellos funktionieren, so meint er, könnten wir also rein theoretisch ohne Essen und Trinken auskommen.

Für das Kronenchakra ist es besonders wichtig, Stille zu erleben. Deshalb sollten wir Lärmquellen wie auch die ständige

---

* Reinhard Stengel: Chakren fühlen, ausgleichen und anregen. Seelenschamanische Energiearbeit, Schirner Verlag 2013.

Beschallung durch Fernsehen und andere Medien vermeiden. Durch die Stille kommen wir zu uns, tauchen tief in unseren Körper ein. Gleichzeitig können wir uns über diesen hinaus in das Universum ausdehnen und damit die Erfahrung machen, grenzenlos und mit allem verbunden zu sein. So sind Orte der Stille, die wir im Außen, zum Beispiel auf einem Berggipfel, und in uns selbst während der Meditation finden, gut geeignet, um in Verbindung mit dem reinen Bewusstsein zu kommen.

Menschen mit einem harmonischen Kronenchakra sind gut geerdet und mit dem irdischen Dasein verbunden, aber haften diesem nicht an. Sie vertrauen auf einen göttlichen Plan und betrachten das Leben als Erfahrung, ohne es zu bewerten. Sie sind sich bewusst, dass das Leben nicht vollkommen sein muss, um es als vollkommen zu erfahren. So erkennen sie auch in Krankheiten einen Sinn und können dadurch ihr Leben einsichtiger, erfüllter und bewusster leben.

Dem Kronenchakra zugeordnete Körperbereiche:
Immunsystem • Gehirn • Kopf • alles, was sich reproduziert und erneuert: Ei-, Samen- und Körperzellen, Schleimhäute • Hirnanhangsdrüse

Dem Kronenchakra zugeordnete Krankheiten und Beschwerden:
- Gehirnerkrankungen
- Parkinson
- Epilepsie
- Demenz
- Nervenleiden

- Schlafstörungen
- Erschöpfung und Energielosigkeit
- Migräne
- multiple Sklerose
- Verwirrung
- chronische Krankheiten
- Immunschwäche
- Krebserkrankungen
- Schizophrenie
- Depressionen
- Suizidgedanken
- Unfruchtbarkeit

 ## Heilung durch die Energie des Bergkristalls

Der Bergkristall ist der Meister der Heilsteine. Er lässt die Energie des Kronenchakras frei fließen, hat aber auch auf alle anderen Chakras eine positive Wirkung. Der Bergkristall hilft bei körperlichen und psychosomatischen Schmerzen, wirkt harmonisierend auf das gesamte Energiesystem und stärkt die Aura. Zudem fördert er die Konzentration.

Du kannst einen Bergkristall am Körper tragen oder mit ihm Wasser energetisieren, das du über den Tag verteilt trinkst. Wenn du ihn beim Meditieren betrachtest oder ihn an deinen Scheitel legst, mobilisiert er deine geistigen Kräfte, die Meditation wird tiefer, wodurch du eine Bewusstseinserweiterung erreichen kannst.

Eine weitere Möglichkeit besteht darin, ihn mit einer Affirmation zu programmieren. Nimm den Heilstein dazu in die Hände. Richte dein Bewusstsein danach aus, welche Informationen du in den Stein hineingeben willst. Formuliere einen positiven Satz, zum Beispiel: »Ich bin vollkommen gesund«, und sprich diesen mit der Absicht, ihn in dem Stein zu speichern, laut oder in Gedanken aus. Trage dann den Stein bei dir, oder lege ihn unter dein Kopfkissen, und lasse seine Energie auf dich wirken.

Kronenchakra-Meditation: Heile deinen Körper

Setze dich aufrecht hin, die Fußsohlen berühren den Boden. Schließe die Augen, und spüre die Verbindung zur Erde. Lasse in deiner Vorstellung Wurzeln aus den Füßen und dem Wurzelchakra, das am Ende des Steißbeines liegt, in die Erde hineinwachsen.

Fokussiere nun dein Kronenchakra, das sich oberhalb des Scheitels befindet. Atme einige Male über dieses Chakra ein und aus. Stelle dir vor, wie sich vom Kronenchakra aus ein Lichtkanal weit ins Universum hinein öffnet. Über diesen Lichtkanal beginnt jetzt, reine, universelle, göttliche Energie zu dir zu strömen und in dich hineinzufließen.

Nimm die heilende Qualität dieser lichtvollen Energie wahr, und spüre, wo in deinem Körper du sie am meisten brauchst. Lenke sie gezielt dorthin, und lasse dann deinen gesamten Körper von dieser Energie durchfluten, bis jede Zelle mit Licht erfüllt ist. Nimm das Strahlen und Vibrieren des Lichtes wahr, und spüre, wie sich jetzt die Energie über deinen physischen Körper hinaus in deinen Lichtkörper ausdehnt. Du brauchst nichts zu tun, es geschieht von ganz allein. Dein Lichtkörper leuchtet hell, klar und rein. Sprich laut oder in Gedanken: »Ich bin heil und vollkommen.«

Ruhe in dieser lichtvollen Präsenz, solange du magst. Um wieder ins Hier und Jetzt zurückzukommen, atme tief ein und aus, spüre die Füße auf dem Boden, öffne die Augen, und recke und strecke dich etwas.

CHAKRAS
& Beziehungen

Beziehungen sind zum einen ein grundlegendes Bedürfnis von uns Menschen. Wir brauchen Kontakt, soziale Nähe, Gemeinschaft und Zugehörigkeit. Zum anderen bieten sie uns die Möglichkeit, uns weiterzuentwickeln. Erst durch die Begegnung und Kommunikation mit anderen können wir uns selbst erkennen, erst durch ein Du kann das eigene Ich reflektiert und begriffen werden.

Ob in der Beziehung zum Partner, zu den Kindern und anderen Familienmitgliedern, zu Freunden oder Kollegen, immer wieder können Disharmonien auftreten. Problematische Beziehungen spiegeln genau jene Themen wider, mit denen wir noch nicht im Frieden sind. Dadurch helfen sie uns, wahrzunehmen, wo wir Entwicklungs- und Wachstumspotenzial haben, welche Energien wir stärken bzw. ausgleichen dürfen.

Jeder von uns hat wunde Punkte, die wir verdrängen, an die wir nicht erinnert werden wollen, die wir nicht gern zeigen. Wenn andere diese berühren, löst das meistens intensive Gefühle aus. Wir spüren zum Beispiel Scham, werden wütend oder bekommen es mit der Angst zu tun, woraufhin wir entweder zurückschrecken, eine Abwehrhaltung einnehmen oder zum Gegenangriff übergehen. Wie auch immer unsere Reaktion aussieht, sie gibt uns einen deutlichen Hinweis darauf, dass wir mit etwas nicht im Reinen sind, und bietet uns somit die Chance, genauer hinzuschauen, unsere Schattenthemen zu erkennen und sie zu heilen. So kann es sein, dass wir in verschiedenen Beziehungen immer wieder mit ähnlichen Themen konfrontiert werden, zum Beispiel den Mangel an Durchsetzungskraft, Abgrenzung oder Vertrauen.

Die Chakraenergie hilft uns, uns darüber bewusst zu werden, wo es in unseren Beziehungen eine Disharmonie gibt, wie wir zu ihr beigetragen haben und was wir dahin gehend bei uns selbst verändern und entwickeln dürfen. Wenn wir uns selbst verändern, hat das auch Auswirkungen auf unser Umfeld und damit auf unsere Beziehungen.

Du erfährst in diesem Kapitel, welchen Einfluss die Chakras auf deine Beziehungen haben. Jedem Chakra sind Themen wie auch Fragestellungen zugeordnet, die dich erkennen lassen, mit welchem Energiezentrum du arbeiten solltest. Wenn du dir dennoch unsicher bist, kannst du die Energie deiner Chakras intuitiv wahrnehmen, um herauszufinden, welches Chakra deiner Aufmerksamkeit bedarf. (Siehe »Die Energie der Chakras wahrnehmen«, S. 26.)

Wurzelchakra & Beziehungen

Das Wurzelchakra lässt uns in Beziehungen Geborgenheit und Sicherheit erfahren.

Das Wurzelchakra steht für unser Ankommen auf der Erde. Besonders die ersten Lebensmonate sind für seine Ausbildung bedeutend: War man als Kind erwünscht bzw. willkommen? Wie sicher und stabil war das familiäre und soziale Umfeld? Hat man ausreichend Nähe und Geborgenheit erfahren? Waren wir diesbezüglich im Mangel, kann es sein, dass sich dieser im späteren Leben immer wieder in unseren Beziehungen zeigt und fortsetzt: Es fehlt an Vertrauen, Geborgenheit, Stabilität, Liebe und Nähe. Deshalb sind Herkunft, familiäre Situation, Heimat und Zugehörigkeit für das Wurzelchakra entscheidend.

Dieses Chakra ist mit dem Geruchssinn verbunden, der in unseren Beziehungen und besonders bei der Partnerwahl eine Rolle spielt. Können wir jemanden gut riechen oder nicht? Wenn wir unserer Nase vertrauen, wählen wir automatisch jene Menschen aus, die zu uns passen, wo sozusagen die Chemie stimmt.

Über das Wurzelchakra werden Themen von Generation zu Generation weitergereicht. Es kann also durchaus sein, dass sich in unseren Beziehungen Probleme zeigen, deren Ursachen in unserer Herkunftsfamilie oder Ahnenreihe liegen.

Besonders wichtig in Bezug auf das Wurzelchakra ist eine gute Beziehung zu sich selbst. Diese drückt sich dadurch aus, dass man Selbstvertrauen hat, Halt und Geborgenheit in sich findet und sich selbst gut spüren kann. All diese Qualitäten sind wichtige Voraussetzungen, um anderen Menschen vertrauen und bei ihnen Halt finden zu können. Ist man zu sehr auf sich selbst fokussiert, sodass kaum Zeit und Raum für andere bleibt, darf man das Wurzelchakra harmonisieren.

Menschen mit einem harmonischen Wurzelchakra sind in ihren Beziehungen präsent, körperlich und geistig anwesend. Sie versorgen sich und ihre Liebsten gern, wirken auf andere stabilisierend und vermitteln ihnen Sicherheit. Ihnen liegt die Familie besonders am Herzen. Sie sind gut geerdet und mit dem Ort, an dem sie leben, stark verbunden.

Themen in Beziehungen bei einem disharmonischen Wurzelchakra:
- Angst, den anderen zu verlieren
- Konflikten aus dem Weg gehen
- mangelndes Vertrauen in andere
- Beziehungen nicht loslassen können
- sich in Beziehungen nicht weiterbewegen
- sich nicht zugehörig fühlen
- dem Bedürfnis nach Nähe und Zugehörigkeit nicht nachkommen

Wenn du einige dieser Fragen mit Ja beantwortest, solltest du mit dem Wurzelchakra arbeiten:

- Fühlst du dich oft im Stich gelassen?
- Hast du Angst davor, jemanden zu verlieren und loszulassen?
- Fällt es dir schwer, anderen zu vertrauen?
- Ist es schwierig für dich, dich auf engere Beziehungen einzulassen?
- Bist du mit dir selbst sehr beschäftigt und hast kaum Zeit für andere?
- Ist deine Beziehung zu deiner Herkunftsfamilie, zum Beispiel die zu einem Elternteil, belastet?
- Hast du den Eindruck, nirgendwo richtig hin- oder zu niemandem dazuzugehören?
- Sind deine Beziehungen von Mangel, Ängsten, Unsicherheit und Misstrauen geprägt?
- Hast du den Eindruck, in deinen Beziehungen auf der Stelle zu treten?
- Neigst du dazu, bei Beziehungsproblemen davonzulaufen?

Wurzelchakra-Meditation: Entlaste deine Wurzeln

Setze dich aufrecht hin, und schließe die Augen. Nimm Kontakt mit der Erde auf, indem du in deiner Vorstellung Wurzeln aus den Füßen und aus dem Wurzelchakra, das sich am Ende des Steißbeines befindet, tief in die Erde hineinwachsen lässt. Das schenkt dir Stabilität und erinnert dich daran, dass du ein irdisches Wesen bist.

Deine Eltern und Ahnen haben dir das Leben ermöglicht, das du ehren und in Liebe annehmen darfst. Sie haben dir viel Gutes weitergegeben, aber auch Themen, die dich belasten und nicht zu dir gehören. Werde dir bewusst, dass du die Lasten, die von Generation zu Generation weitergereicht wurden, loslassen darfst.

Spüre deine Füße auf dem Boden. Atme in die Fußsohlen hinein, bis du ein leichtes Vibrieren wahrnimmst.

Frage dein Herz laut oder in Gedanken: »Gibt es etwas, was ich aus tiefstem Herzen hinter mir lassen möchte? Etwas, was gar nicht zu mir gehört und was ich nur aus Liebe, Dankbarkeit, Scham oder Schuld angenommen habe?« Lausche nach innen, und spüre, was sich regt. Welche Altlasten möchtest du loslassen? Vielleicht kannst du etwas fühlen, vielleicht kommt dir auch einfach etwas in den Sinn.

Entscheide dich jetzt, nur noch das Gute anzunehmen und das Alte, Verbrauchte und Unnütze, was ausgedient hat, hinter dir zu lassen. Du bist frei, deinen Weg zu gehen und dich zu entfalten. Sage laut oder innerlich: »Ich bin bereit, Altes, nicht mehr Dienliches, all das, was nicht zu mir gehört und was ich nur übernommen habe, ein für alle Mal aus meinem Wesen zu entlassen.« Atme tief ein und aus, und spüre, wie all diese Lasten über deine Füße in die Erde entschwinden. Atme weiter tief ein und aus, bis du dich leichter fühlst.

Du brauchst kein schlechtes Gewissen gegenüber deinen Ahnen oder deiner Familie zu haben. Es ist Zeit für einen Neuanfang.

Du darfst dich als das wunderbare, lichtvolle Geschöpf sehen, das du bist. Damit schenkst du auch deinen Nachfahren die Freiheit, eigene Erfahrungen zu machen.

Spüre deine Füße auf dem Boden. Bedanke dich bei ihnen dafür, dass sie dich durch dein Leben tragen. Und danke dir selbst für den Weg, den du bis heute gegangen bist. Vertraue darauf, dass du getragen bist und dass deine Wurzeln dir immer den Halt geben werden, den du brauchst.

Komme dann in deinem Tempo ins Hier und Jetzt zurück, öffne die Augen, und recke und strecke dich etwas.

Sakralchakra & Beziehungen

Das Sakralchakra lässt uns in Beziehungen Erfüllung und Ausgewogenheit erfahren.

Die Energie des Sakralchakras schenkt uns in unseren Beziehungen das Erleben von Freude, Genuss und Sinnlichkeit. Die Gefühle dürfen frei fließen. Unsere Beziehungen sind leicht, spielerisch und geprägt von Flexibilität und Kreativität.

Häufig gibt es in Beziehungen, vor allem in Partnerschaften, Ungleichgewichte. So, wie der Körper versucht, Disharmonien der Chakras zu kompensieren, geschieht dies auch unbewusst in Beziehungen. Einer von beiden bemüht sich, das auszugleichen, was der andere zu viel oder zu wenig lebt. Das kann verschiedenste Themen betreffen, beispielsweise Verantwortung, Vertrauen, Nähe, Gefühle, Arbeit, Haushalt oder Sicherheit. Auf Dauer ist das für eine Beziehung sehr belastend.

Im Prinzip geht es immer um die weiblichen und männlichen Qualitäten, die in jedem Menschen vorhanden sind. Bei einem Ungleichgewicht in der Beziehung kann sich jeder der Partner fragen, welche Energie er zu viel oder zu wenig lebt und wie er diese Disbalance in sich ausgleichen kann. Das kann für Männer bedeuten, Zugang zu ihren weiblichen Aspekten und damit zu ihrer Gefühlswelt zu erlangen. Für Frauen könnte es hilfreich sein, ihre männlichen Aspekte zum Ausdruck zu bringen und die Führung im eigenen Leben zu übernehmen.

Wenn in uns Ausgewogenheit herrscht, brauchen wir den anderen nicht, um in Balance zu sein. Dies ermöglicht uns eine Verbindung, die nicht auf Bedürftigkeit und Mangel, sondern auf Fülle und Erfüllung beruht. Eine Beziehung ist dann nährender und ausgewogener, es ist eine flexible Rollenverteilung möglich, und sowohl die Frau als auch der Mann können ihre ganze Kraft in die Partnerschaft einfließen lassen. Damit wird das schöpferische Potenzial einer Beziehung angeregt, und diese kann sich frei und kreativ entfalten.

Auch ein unbefangener und offener Zugang zur Sexualität ist für die optimale Entwicklung des Sakralchakras, das auch »Sexualchakra« genannt wird, von Bedeutung. Eine sexuelle Beziehung sollte für beide Partner nährend und erfüllend sein. Die frei fließende sexuelle Energie aktiviert die schöpferischen Kräfte, die nicht nur für die Beziehung, sondern für alle Lebensbereiche wichtig sind.

Menschen mit einem harmonischen Sakralchakra können sich im lebendigen Fluss einer Beziehung freudig und kreativ entfalten. Sie genießen den schöpferischen Austausch und leben eine Ausgewogenheit von Geben und Nehmen. Sie kommen ihrem Bedürfnis nach Zärtlichkeit, Nähe und Intimität nach und gestalten ihre Beziehungen lustvoll und erfüllend.

Themen in Beziehungen bei einem disharmonischen Sakral-chakra:

- Unfähigkeit, Beziehungen zu genießen
- wiederkehrende Beziehungsprobleme
- Eifersucht
- Schuldgefühle
- Scham
- Neid
- Hemmungen, Ängste und Blockaden in Bezug auf die Sexualität
- sich nicht fallen lassen können
- übertriebene Fixierung auf den Partner
- Unausgeglichenheit von Geben und Nehmen
- starre Rollenverteilung

Wenn du einige dieser Fragen mit Ja beantwortest, solltest du mit dem Sakralchakra arbeiten:

- Sind deine Beziehungen eher von Schwere und Starre geprägt?
- Fehlt es deinen Beziehungen an Abwechslung und Vergnügen?
- Sind Geben und Nehmen in deinen Beziehungen unausgeglichen?
- Fühlst du Scham und Schuld in deinen Beziehungen?
- Bist du übermäßig eifersüchtig?
- Möchtest du deine Sexualität und Sinnlichkeit mehr genießen?
- Hat sich in deinen Beziehungen vieles angestaut, es fließt nicht mehr richtig?
- Ist es für dich als Frau schwierig, deine Weiblichkeit zu zeigen und zu leben?
- Hast du als Frau Schwierigkeiten, auch deine männlichen Qualitäten zu leben?

- Ist es für dich als Mann schwierig, deine Männlichkeit zu zeigen und zu leben?
- Hast du als Mann Schwierigkeiten, auch deine weiblichen Qualitäten zu leben?

Die liegende Acht – Eine Beziehung in Harmonie bringen

Schließe die Augen, und stelle dir einen Menschen vor, der dir wichtig ist und mit dem du eine harmonischere Beziehung haben willst. Das kann dein Partner sein, ein Freund, ein Elternteil, dein Bruder oder deine Schwester, aber auch ein Kollege oder dein Chef.

Visualisiere eine liegende Acht. In einem Kreis der Acht stehst du, im anderen dein Gegenüber. Goldenes Licht strömt durch die liegende Acht hindurch. Sieh, wie das Licht ganz frei von dir zur anderen Person und von dieser zu dir fließt. Das Fließen des Lichtes ist harmonisch und ausgewogen. Es bringt alle Energien, die sich in Disharmonie befinden, auch die weiblichen und männlichen, wieder in ihre ursprüngliche Balance.

Was fühlst du, wenn du an die andere Person denkst? Ist es vielleicht Traurigkeit, Wut, Angst, Freude oder Liebe? Du darfst nun all deine Gefühle in das Licht einfließen lassen. Stelle dir vor, wie sie mit dem Licht mitfließen.

Du brauchst sonst nichts zu tun, nichts zu wollen, nichts loszulassen … Lasse es einfach nur fließen. Alles hat Platz, alles darf da sein, alles ist gut, so, wie es ist. Unterstütze das Fließen, indem du ganz bewusst atmest und das Wort »fließen« aussprichst oder denkst. Was verändert sich, wenn du deinen Gefühlen freien Lauf lässt? Was macht es mit dir?

Nun frage dich, was du dir von ganzem Herzen für diese Beziehung ersehnst. Welche Qualitäten sollte diese Beziehung haben? Und nun lasse all das, was du dir wünschst, als Energie durch die liegende Acht fließen. Vielleicht sind es Nähe, Vergebung, Intimität, Klarheit, Spaß, Austausch, Liebe, Respekt oder Vertrauen.

Wonach auch immer du dich sehnst, stelle dir vor, wie diese Qualitäten jetzt in die liegende Acht, die euch beide miteinander verbindet, hineinströmen. Beobachte dich und den anderen. Welche Veränderungen bemerkst du?

Vertraue darauf, dass die Energien wieder fließen und eure Beziehung harmonisiert und aktiviert wurde. Spüre noch etwas nach, und wenn du so weit bist, öffne die Augen.

Solarplexuschakra & Beziehungen

Das Solarplexuschakra lässt uns in Beziehungen Eigenverantwortung und Unabhängigkeit erfahren.

Das Solarplexuschakra ist das persönliche Kraftzentrum. Es ermöglicht uns, uns in unseren Beziehungen in unserer wahren Größe zu zeigen und unser eigenes Licht erstrahlen zu lassen. Es stärkt unser Selbstwertgefühl und unser Selbstbewusstsein und verhindert somit, dass wir uns selbst kleinmachen oder uns von anderen unterdrücken, verbiegen oder ausnutzen lassen.

Dieses Chakra schenkt uns das nötige Feingefühl, um uns in andere Menschen hineinversetzen und spüren zu können, was sie brauchen. Dabei verlieren wir aber auch die eigenen Bedürfnisse nicht aus dem Blick. Wir sind in der Lage, uns abzugrenzen, uns zu schützen und nicht alles an uns heranzulassen.

Ein disharmonisches Solarplexuschakra kann dazu führen, dass wir die Energien von anderen Menschen ungefiltert in uns aufnehmen und nicht mehr zwischen den eigenen Gefühlen und

Themen und denen der anderen unterscheiden können. Durch die fehlende Distanz fühlen wir uns von anderen abhängig: ihren Meinungen, ihren Emotionen, ihrer Anerkennung …

Blockaden im Solarplexuschakra können zu Ängsten, Unsicherheit und Minderwertigkeitskomplexen führen. In Beziehungen unterdrücken wir unsere Gefühle, stellen unsere Wünsche hintan, stehen nicht zu unserer inneren Wahrheit, sagen zu allem Ja, um den anderen nicht zu verlieren, und fühlen uns daher als Opfer. Die empfundene Machtlosigkeit kann u. a. zu heftigen Gefühlsausbrüchen, Kontrollwahn und manipulativem Verhalten führen.

Durch die Belebung der Energie des Solarplexuschakras gelingt es uns, in unserer eigenen Kraft zu bleiben und damit in unseren Beziehungen unabhängiger und eigenverantwortlicher zu handeln. Auch wird das nötige Durchhaltevermögen gestärkt, das es braucht, um Probleme zu lösen und nicht vorschnell aufzugeben, wenn es in einer Beziehung einmal nicht so läuft, wie wir es uns vorstellen.

Wir können unsere Herzensenergie freier fließen lassen, weil wir gut auf uns selbst achten. Wir entwickeln einen gesunden Egoismus und können aus Liebe zu uns selbst Grenzen setzen und zu anderen Menschen Nein sagen.

Menschen mit einem harmonischen Solarplexuschakra
können sich einerseits gut in andere einfühlen, sich andererseits aber auch abgrenzen. Sie wissen genau, was sie wollen, bleiben sich selbst treu, können sich durchsetzen und handeln selbstbestimmt. Sie nehmen Kritik nicht zu persönlich und verfügen

über eine gute Selbstreflexion. Sie sind unabhängig von der Meinung anderer und frei, den eigenen Weg zu gehen.

Themen in Beziehungen bei einem disharmonischen Solarplexuschakra:

- Unterdrückung von Gefühlen, vor allem Wut
- hinunterschlucken statt mitteilen
- starke Gefühlsausbrüche
- manipulatives Verhalten
- starkes Kontrollbedürfnis
- mangelndes Selbstwertgefühl und Selbstbewusstsein
- Opferhaltung
- fehlende Kritikfähigkeit
- Abhängigkeit von anderen
- fehlender Selbstschutz
- mangelnde Abgrenzung

Wenn du einige dieser Fragen mit Ja beantwortest, darfst du dich deinem Solarplexuschakra widmen:

- Fällt es dir schwer, dich von Menschen oder Situationen, die dir nicht guttun, abzugrenzen?
- Erlaubst du anderen, dich auszunutzen und dir deine Energie zu rauben?
- Möchtest du öfter Nein sagen können?
- Gibst du anderen mehr Raum als dir selbst?
- Neigst du zu Gefühlsausbrüchen?
- Nimmst du Kritik sehr persönlich und hast lang daran zu knabbern?
- Fühlst du dich im Vergleich zu anderen Menschen klein und minderwertig?

- Fehlt es dir an Durchhaltevermögen? Gibst du also bei Konflikten und Krisen in deinen Beziehungen zu schnell auf?
- Fühlst du dich in deinen Beziehungen machtlos, weil du meinst, nichts an ihnen verändern zu können?
- Gibst du viel auf die Meinung anderer?
- Neigst du in deinen Beziehungen dazu, zu kontrollieren oder zu manipulieren?

Solarplexuschakra-Meditation: Abhängigkeiten in Beziehungen lösen

Lege oder setze dich hin, und schließe die Augen. Lenke deinen Atem tief in den Bauch hinein, und nimm wahr, wie der Atem fließt. Mache dies einige Atemzüge lang. Nun denke an eine Person, mit der du in Beziehung stehst, und siehe sie vor dir. Atme weiterhin bewusst in den Bauch hinein, und spüre, ob sich der Bauchraum entspannt oder eng wird, wenn du an diesen Menschen denkst.

Frage dich jetzt, ob es zwischen dir und der anderen Person energetische Abhängigkeiten gibt. Bitte darum, diese wahrnehmen zu können. Vielleicht spürst du sie körperlich, vielleicht kannst du sie mit deinem inneren Auge als dunkle Schnüre sehen, die euch miteinander verbinden.

Du darfst alle Abhängigkeiten, die sich dir jetzt zeigen, lösen. Lasse sie ganz einfach mit einem tiefen Atemzug los, oder durchtrenne sie in deiner Vorstellung mit einer Schere oder einem

Messer. Unterstütze dies, indem du denkst oder sagst: »Ich löse alle Abhängigkeiten zwischen mir und der anderen Person. Meine Energie kehrt zu mir zurück, wie auch die Energie des anderen zu ihm zurückkehrt.«

Stelle dir nun vor, dass du dich in einer wundervollen Lichtsäule befindest und die andere Person in ihrer eigenen Lichtsäule steht. Jeder von euch ist mit seiner eigenen Kraft verbunden. Atme noch einmal tief in den Bauch hinein, und spüre, ob sich etwas verändert hat.

Komme ins Hier und Jetzt zurück, öffne die Augen, und recke und strecke dich etwas.

Du kannst diese Übung wiederholen, bis du den Eindruck hast, dass dein Bauchraum entspannt und frei ist, und du keine Abhängigkeiten mehr wahrnimmst. Nimm beim nächsten Treffen mit der Person, die du in der Meditation visualisiert hast, bewusst wahr, was sich zwischen euch verändert hat.

Herzchakra & Beziehungen

Das Herzchakra lässt uns in Beziehungen Liebe und Offenheit erfahren.

Das Herzchakra spielt in Beziehungen eine große Rolle. Ist es in Harmonie, können wir unser Herz öffnen und Verbindungen eingehen, in denen wir gleichermaßen Liebe geben und empfangen. Wir sind in der Lage, die Stimme unseres Herzens zu vernehmen und ihr zu folgen und auch mit anderen Menschen von Herz zu Herz zu kommunizieren.

Wenn wir unser Herz öffnen, die Liebe fließen lassen, durchströmt sie uns und unser gesamtes Leben. Alles, was von Liebe geprägt ist, bleibt bei uns, und alles andere wird weichen. Durch die Kraft der Liebe kann in unserem Leben vieles transformiert werden.

Um für andere Menschen Liebe empfinden zu können, müssen wir zunächst unsere Selbstliebe stärken. Sich selbst zu lieben, bedeutet, dass wir aufhören, gegen uns selbst zu kämpfen, und uns stattdessen so annehmen, wie wir sind, mit all unseren Schwächen und in unserer Unvollkommenheit. Aus dieser Annahme heraus entstehen Toleranz, Nachsicht, Verständnis und Mitgefühl, die wir auch anderen Menschen entgegenbringen können.

Machen wir in unseren Beziehungen schmerzhafte Erfahrungen, werden zum Beispiel betrogen oder verlassen, entstehen Blockaden im Herzchakra. Wir neigen dann dazu, unser Herz für einige Zeit zu verschließen, damit die Wunden heilen können. Manchmal bleibt das Herz aus Angst, wieder verletzt zu werden, ganz verschlossen. Dann findet kein Energieaustausch mehr statt: Wir lassen nichts und niemanden mehr auf emotionaler Ebene an uns heran und halten unsere Gefühle zurück, werden kühl und abweisend.

Beziehungen können in uns die größte Freude, aber auch den tiefsten Schmerz auslösen. Harmonisieren wir die Energie des Herzchakras, sind wir dazu fähig, alle Gefühle und Erfahrungen, egal, ob positive oder negative, anzunehmen und zu verarbeiten. Wir können denen, die uns verletzt haben, und uns selbst vergeben und so unser Herz wieder öffnen und es auch offen halten.

Menschen mit einem harmonischen Herzchakra schenken sich selbst liebevolle Aufmerksamkeit. Sie strahlen Herzenswärme und Güte aus und begegnen sich selbst wie auch anderen mit Offenheit, Toleranz und Mitgefühl. Sie bewirken gern Gutes und machen die Welt so zu einem besseren, liebevolleren Ort. Sie wissen, dass sie auf Erden sind, um zu lieben, und lassen ihre Liebe daher bedingungslos strömen. Sie spüren eine tiefe Verbundenheit zu Menschen, Tieren, der Natur und der Schöpfung im Allgemeinen und lassen sich von ihnen im Herzen berühren. Andere wiederum werden durch ihr offenes, mitfühlendes Herz berührt.

Themen in Beziehungen bei einem disharmonischen Herz-chakra:

- Angst, verlassen, zurückgewiesen oder verletzt zu werden
- Probleme mit körperlicher und emotionaler Nähe
- Einsamkeit
- Unfähigkeit, Liebe zu geben und anzunehmen
- nachtragend sein
- sich selbst nur schwer vergeben können
- Teilnahmslosigkeit, Gefühlskälte, Herzlosigkeit
- Verschlossenheit
- sich nicht verletzlich zeigen können

Wenn du einige dieser Fragen mit Ja beantwortest, darfst du dich deinem Herzchakra widmen:

- Sind dir emotionale Nähe und körperliche Berührungen eher unangenehm?
- Fällt es dir schwer, all deine Gefühle, angenehme wie unangenehme, wahrzunehmen?
- Hält sich etwas zurück, frei und offen Liebe zu geben und zu empfangen?
- Hast du Angst, verlassen, zurückgewiesen oder verletzt zu werden?
- Fällt es dir schwer, dir selbst oder anderen zu vergeben?
- Ist es für dich schwierig, dich so, wie du bist, liebevoll anzunehmen?
- Möchtest du dir selbst oder anderen gütiger und mitfühlender begegnen?
- Möchtest du dir erlauben, dich in Beziehungen auch schwach, bedürftig oder verletzlich zu zeigen?

Herzchakra-Meditation: Öffne und heile dein Herz

Lege oder setze dich hin, und schließe die Augen. Lege eine Hand in die Brustmitte auf Höhe des Herzens, und atme für einige Atemzüge ganz langsam in diesen Bereich hinein. Nimm jetzt Kontakt zu deinem Herzchakra auf, indem du in dein Herz hineinspürst und es mit deinem inneren Auge wahrnimmst. Gibt es etwas, was das Herz verschließt? Siehst du Hindernisse, Mauern, Steine oder etwas anderes, was die Energie der Liebe blockiert und sie nicht frei fließen lässt?

Spüre in dich hinein, ob du bereit bist, von diesen Blockaden befreit zu werden und dein Herz wieder zu öffnen. Wenn dem so ist, dann sage oder denke: »Ja, mein Herz darf sich wieder öffnen.« Auch wenn du in diesem Moment noch nicht weißt wie, vertraue darauf, dass es geschehen wird.

Spüre in die Blockaden deines Herzens hinein. Wann sind sie entstanden? Wozu waren sie gut? Brauchst du sie heute noch? Welche Gefühle werden durch sie zurückgehalten? Sind es Angst, Hilflosigkeit, Ohnmacht, Schmerz, Trauer oder Wut? Wenn du diese inneren Mauern niederreißt und dadurch Zugang zu deinem Herzen erlangst, dürfen sich diese Gefühle zeigen und für immer auflösen. Nimm alles wahr, was in dir eingemauert war und du bis jetzt unterdrückt hast.

Nun denke an etwas, was Gefühle der Liebe, Dankbarkeit und Wertschätzung in dir auslöst. Das kann ein schöner Ort sein oder ein Tier. Du kannst auch eine glückliche Erinnerung in dir aufsteigen lassen. Lasse die Energie der Liebe intensiver werden, spüre, wie sich die Liebe ausdehnt, einen Weg durch all die inneren Mauern und Blockaden findet. Durch die Liebe wird alles durchlässig, was zwischen dir und deinem Herzen steht.

Diese Liebe löst alle Mauern und Blockaden auf, die den Weg zum Herzen versperrt haben. Sie heilt alle Gefühle, die zuvor eingeschlossen waren. Lasse es geschehen. Lasse die Liebe fließen. Öffne dein Herz, befreie es. Spüre, wie das Herz weiter wird, wie Raum entsteht, wie die letzten Hindernisse durch die Liebe beseitigt werden. Nimm dein Herz, dein Innerstes, dein Heiligstes, wahr. Du bist jetzt ganz bei dir und in dir zu Hause. Spüre das Verbundensein und das Einssein mit dir.

Erlaube deinem Herzen, alle Gefühle ins Fließen zu bringen, sie zu leben und wieder vom Leben und der Liebe berührt zu werden. Die Liebe heilt.

Jetzt passiert etwas Wunderbares: Du wirst berührt. Ja, du darfst wieder berührt werden und andere berühren. Du darfst wieder spüren und empfinden. Das ist das Geschenk des Lebens an dich.

Komme ins Hier und Jetzt zurück, indem du einen tiefen Atemzug nimmst, die Augen öffnest und dich etwas reckst und streckst.

Halschakra & Beziehungen

**Das Halschakra lässt uns in Beziehungen authentische
Kommunikation und Wahrhaftigkeit erfahren.**

Die Qualität einer Beziehung wird von der Art und Weise der
Kommunikation und des Austausches entscheidend geprägt.
Ein harmonisches Halschakra unterstützt uns dabei, uns offen
auszudrücken. Wir stehen zu uns selbst und teilen uns ehrlich
mit. Das schenkt uns Freiheit und Authentizität in unseren Beziehungen.

Für eine gute Kommunikation brauchen wir innere Klarheit
und den Mut, uns zu öffnen und unsere Gefühle, Gedanken und
Herzenswünsche in Worte zu fassen. Das Halschakra unterstützt
uns dabei, denn es verbindet das Herz- und das Stirnchakra
miteinander, bringt somit unser Fühlen und unser Denken in
Einklang und ermöglicht es uns, uns stimmig auszudrücken.

Oft hält uns die Angst davon ab, uns ehrlich mitzuteilen und
uns so zu zeigen, wie wir sind. Wir fürchten uns vor den

Konsequenzen, wenn das, was wir äußern, anderen nicht zusagt, davor, dass wir kritisiert oder abgelehnt werden, wenn wir zum Ausdruck bringen, was wir denken und fühlen. Auch wenn wir dazu neigen, zu sehr auf andere zu hören und unsere innere Stimme zu überhören, halten wir einen Teil unserer Wahrheit zurück und werden somit für andere nie vollständig sichtbar. Hier braucht es Selbstvertrauen und Selbstbewusstsein, die durch die Arbeit mit dem Halschakra gestärkt werden können.

Wir sollten dieses Chakra auch dann harmonisieren, wenn wir zu bestimmend und absolut in unseren Aussagen sind und durch lautstarkes Auftreten versuchen, andere Menschen zu beeinflussen. Das Gleiche gilt, wenn wir störrisch an unserer Meinung festhalten und es nicht akzeptieren können, wenn andere unsere Überzeugungen nicht teilen.

Nicht selten haben Frauen Schwierigkeiten damit, in Partnerschaften all das, was in ihrem Inneren an Gefühlen, Gedanken und Bedürfnissen da ist, zu erfassen, zu differenzieren und klar und deutlich mitzuteilen. Männer hingegen hören oft nicht richtig zu, geben Ratschläge auf der rein sachlichen Ebene und scheuen sich davor, emotionale Gespräche zu führen. Gefühle und Gedanken einander mitzuteilen, wirkt nicht nur befreiend, sondern schafft vor allem emotionale Nähe und Intimität, die für eine Beziehung essenziell sind.

Wenn in Beziehungen vieles ungesagt bleibt, Gefühle und Themen nicht klar kommuniziert, sondern unter den Teppich gekehrt werden, brodeln sie im Verborgenen immer weiter und belasten neben dem Hals- auch das Solarplexuschakra. Meist kommt dann irgendwann der Punkt, an dem sich so vieles angestaut hat, dass der Druck zu groß ist, das Unterdrückte nicht mehr zurückgehalten werden kann und mit voller Wucht explosionsartig zutage tritt. Heftige, lautstarke Auseinandersetzungen und Streitereien, die meistens mit emotionalen Verletzungen einhergehen, sind die Folge.

Kommunikation wirkt befreiend und entlastend. Deshalb sollte der Ballast, der sich im Laufe einer Beziehung ansammelt, immer wieder ans Tageslicht befördert werden. Dabei helfen regelmäßige, klar strukturierte Gespräche, die das Ziel haben, reinen Tisch zu machen. Bei diesen Gesprächen sollte alles gesagt werden dürfen, was denjenigen beschäftigt und belastet.

Menschen mit einem harmonischen Halschakra teilen ihre innere Wahrheit verantwortungsbewusst und freundlich mit. Sie sind ehrlich zu sich selbst. Die Worte, die sie an andere richten, wie auch ihr Verhalten zeigen auf, dass sie ein reines Herz und reine Absichten haben. Sie sind zudem gute Zuhörer, können zwischen den Zeilen lesen und spüren, ob jemand aufrichtig ist. Sie hinterfragen ihr eigenes Verhalten in Beziehungen und sind in der Lage, es zu ändern, wenn es angebracht ist.

Themen in Beziehungen bei einem disharmonischen Halschakra:
- Angst, sich anderen so zu zeigen, wie man wirklich ist
- lautes, aufdringliches, bestimmendes Auftreten
- innerer Zwang, sich gegenüber anderen bestmöglich darzustellen
- sich aus Furcht vor Kritik und Ablehnung zurückhalten

- Kommunikationsschwierigkeiten
- Konflikte durch Missverständnisse
- nicht zuhören können

Wenn du einige dieser Fragen mit Ja beantwortest, darfst du dich deinem Halschakra widmen:

- Kommt das, was du sagst, bei anderen nicht so an, wie du es meinst?
- Möchtest du dich klarer und verständlicher mitteilen?
- Scheust du dich davor, anderen zu sagen, was du denkst und fühlst?
- Sprichst du die Probleme in deinen Beziehungen nur ungern an?
- Wirst du von anderen nicht gehört, weil du zu leise und zurückhaltend bist?
- Zeigst du anderen nicht, wie du wirklich bist?
- Fällt dir das Zuhören schwer?
- Bist du unehrlich zu anderen?
- Ist es für dich schwierig, zu akzeptieren, wenn andere deine Meinung nicht teilen?
- Fühlst du dich anderen gegenüber sprachlich überlegen und nutzt dies aus?
- Neigst du dazu, laut und bestimmend zu sein?

 ## Das reinigende, befreiende Gespräch

Ziel dieser Übung ist es, alles, was die Beziehung zwischen zwei Menschen belastet und bislang ungesagt geblieben ist, ehrlich und offen auf den Tisch zu bringen. Dies wirkt reinigend und befreiend für alle Beteiligten und stärkt das Vertrauen ineinander.

Es wäre gut, wenn ihr ein solches Gespräch mindestens einmal pro Woche führen würdet. Es dauert ca. 26 Minuten. Achtet darauf, dass ihr während dieser Zeit nicht gestört oder abgelenkt werdet. Haltet die Zeiten und Regeln ein. Während des Gespräches sollte jeder bei sich bleiben, über sich und von Herzen sprechen. Es darf alles gesagt werden, was euch belastet. Eine gute Vorbereitung hierfür ist die Meditation »Kopf und Herz miteinander verbinden« (S. 146).

Es gibt insgesamt drei Runden:

1. Runde
Dauer: 10 Minuten

Einer von euch beiden beginnt und hat nun 5 Minuten Zeit, sich alles von der Seele zu reden, was ihn in der Beziehung belastet. Wichtig hierbei ist, ehrlich und offen zu sein, nicht zu verallgemeinern, sondern die Themen möglichst konkret zu benennen, aus der Ich-Perspektive zu sprechen und den anderen nicht anzugreifen. Während der eine spricht, ist der andere still, hört nur zu. Nach den 5 Minuten wird gewechselt.

Zu Beginn des Gespräches könnt ihr euch selbst folgende Fragen in Bezug auf eure Beziehung stellen:

- Was belastet mich?
- Was ärgert und nervt mich?
- Was macht mich traurig?
- Worüber bin ich enttäuscht?
- Was möchte ich dem anderen schon lange sagen?

2. Runde
Dauer: 10 Minuten

In dieser Runde kann auf das Gehörte und auf das, was es in einem ausgelöst hat, eingegangen werden. Vielleicht ist auch noch etwas aufgetaucht und möchte gesagt werden. Wieder spricht nur einer, während der andere zuhört. Nach 5 Minuten ist der andere dran.

3. Runde
Dauer: 6 Minuten

In dieser Runde kann jeder 3 Minuten lang seine Wertschätzung, eigene Vorhaben und die Wünsche an den anderen zum Ausdruck bringen. Wichtig ist, dass das Gespräch positiv abgeschlossen wird.

Diese Fragen helfen euch dabei:

- Für was bin ich dem anderen dankbar?
- Was mag ich an ihm?
- Auf was will ich in Zukunft mehr achten?
- Was wünsche ich mir in Zukunft vom anderen?

Stirnchakra & Beziehungen

Das Stirnchakra lässt uns in Beziehungen Visionen, Weitsicht und Klarheit erfahren.

Durch seine schöpferische Energie ermöglicht uns das Stirnchakra, kreative, neuartige Visionen hinsichtlich unserer Beziehungen zu entwickeln und zu realisieren, was allen Beteiligten Wachstum und Weiterentwicklung erlaubt.

Dieses Chakra lässt uns unsere Beziehungen aus einer umfassenderen und höheren Perspektive wahrnehmen, wodurch wir die Ursachen von Problemen innerhalb dieser erkennen können. Häufig ist das Gegenüber die Projektionsfläche für die eigenen unbewussten Schattenthemen. Wenn wir uns dessen gewahr sind, können wir uns selbst im anderen wie in einem Spiegel erkennen und somit unsere Themen aufspüren und ans Licht holen. Dadurch bietet sich uns die Chance, Erkenntnisse über uns selbst, über unsere eigene, aber auch die gemeinsame Weiterentwicklung zu gewinnen. So dürfen wir uns fragen: Welche Themen und Probleme tauchen im Zwischenmenschlichen immer wieder auf, und was haben diese mit uns selbst zu tun? Was dürfen wir in uns selbst erkennen, vervollständigen, weiterentwickeln und heilen?

Die Beziehungen innerhalb unserer Herkunftsfamilie, zum Beispiel die unserer Eltern, prägen uns. So kann es passieren, dass wir Muster, die wir als Kind vorgelebt bekommen, unbewusst übernehmen und sich diese später in unseren eigenen Beziehungen immer wieder zeigen. Das Stirnchakra ermöglicht es uns, diese Muster zu erkennen und zu ergründen, worin ihr Sinn besteht. Indem wir sie uns bewusst machen, ist es uns möglich, sie abzulegen und uns neue Verhaltensweisen anzueignen.

Im Fall von Beziehungsproblemen schenkt uns die Energie des Stirnchakras einen lösungsorientierten Blick und neue Einsichten. Wir geben nicht vorschnell auf, sondern öffnen uns für Impulse und Möglichkeiten. Es gelingt uns, den Fokus darauf zu legen, was wir stärken und ausbauen möchten, anstatt auf das zu schauen, was fehlt, und dadurch im Mangel hängen zu bleiben.

Wir vertrauen in Beziehungsfragen unserer Intuition und lassen uns von ihr führen. Wir flüchten uns weder in Illusionen, noch fallen wir auf Täuschungen herein. Stattdessen erkennen wir, ob uns jemand hinters Licht führen will, sind also in der Lage, andere Menschen zu durchschauen. Wir sind in der Lage, Entscheidungen mit Weitsicht zu treffen, können Wesentliches von Unwesentlichem unterscheiden und haben einen klaren Blick auf die Realität.

Je mehr der Energiefluss unserer oberen Chakras aktiviert wird, desto mehr möchten wir auch in unseren Beziehungen die spirituelle Energie zum Fließen bringen und dahin gehend Sinn und Erfüllung finden. In Partnerschaften gibt es häufig das Problem, dass sich zunächst nur einer von beiden – meist handelt es sich um die Frau – auf den Weg macht, sich auf höheren Ebenen zu entfalten. Verschließt sich der Partner vor derlei Entwicklungen, tut sie vielleicht sogar als Unsinn ab, kann die Beziehung daran scheitern. In solchen Situationen braucht es vor allem Offenheit und Toleranz von beiden Seiten, damit sich jeder auf seine Weise und im eigenen Tempo weiterentwickeln kann. Nur so ist es möglich, im wertschätzenden, verständnisvollen Austausch zu bleiben und den Weg gemeinsam fortzusetzen.

Ist das Stirnchakra in Disharmonie, kann es passieren, dass man zu sehr auf das Spirituelle fokussiert ist und man den Partner wie auch andere Menschen, die mehr im Irdischen verhaftet sind, mit der eigenen Sichtweise überfordert. Auch kann es sein, dass der Kontakt zum realen Leben und damit zu anderen Menschen verloren geht, wodurch der inspirierende Austausch, der für die eigene Weiterentwicklung förderlich wäre, fehlt und man sich allein gelassen fühlt.

Menschen mit einem harmonischen Stirnchakra wagen es, neue und ungewöhnliche Wege zu gehen, und ermöglichen so neue Formen des Zusammenlebens und -wirkens. Sie geben sich nicht mit dem zufrieden, was sie in ihren Beziehungen bereits erreicht haben, sondern streben immer wieder eine weitere Entfaltung an. Sie erkennen, dass das Außen ihre eigene Innenwelt spiegelt, und können dadurch ihre Themen bewusst klären und lösen.

Themen in Beziehungen bei einem disharmonischen Stirnchakra:

- Beschönigung oder Idealisierung von Beziehungen
- mangelnde Reflexion des eigenen Verhaltens
- Sorgen und Ängste, die die Wahrnehmung trüben
- Probleme innerhalb oder das Ende einer Beziehung nicht wahrhaben wollen
- Realitätsflucht
- der eigenen Intuition in Beziehungsfragen nicht vertrauen und alles mit dem Verstand erklären wollen
- fehlende Visionen für eine Beziehung
- kein Entwicklungspotenzial erkennen können

Wenn du einige dieser Fragen mit Ja beantwortest, darfst du dich deinem Stirnchakra widmen:

- Verschließt du die Augen vor Problemen in deinen Beziehungen, willst sie nicht wahrhaben?
- Machst du in deinen Beziehungen immer wieder dieselben negativen Erfahrungen?
- Vermeidest du es, dich zu fragen, wozu bestimmte Erfahrungen innerhalb deiner Beziehungen gut sein könnten?
- Fällt es dir schwer, Zusammenhänge zwischen deinem Verhalten und dem Verhalten anderer zu erkennen?
- Könnte es sein, dass du deine Themen auf andere Menschen projizierst, anstatt sie bei dir selbst wahrzunehmen?
- Hast du Schwierigkeiten damit, in Bezug auf deine Beziehungen Entscheidungen zu treffen?

- Möchtest du dich und deine Beziehungen aus einer neuen Perspektive wahrnehmen?
- Fehlt es dir an Klarheit, was sich in deinen Beziehungen zum Positiven hin verändern könnte?
- Fehlt es dir an Visionen und Ideen, wie du deine Beziehungen leben möchtest?
- Lässt du dich stark von gesellschaftlichen Normen und Denkweisen beeinflussen, wie Beziehungen zu sein haben?
- Neigst du dazu, anderen blauäugig zu vertrauen?

Raum schaffen für Neues

In unseren Beziehungen richten wir häufig den Fokus auf das, was fehlt, nicht gut läuft und uns belastet. Indem wir unsere Aufmerksamkeit auf das Negative richten, füttern wir es sozusagen mit Energie, wodurch es noch verstärkt wird.

Möchten wir eine Beziehung zum Positiven hin verändern, ist es wichtig, eine klare Vorstellung davon zu haben, wie diese sein sollte, denn nur so können wir unsere Wünsche manifestieren und realisieren. Wenn du zu den Menschen gehörst, die zwar genau wissen, was sie nicht wollen, denen es aber schwerfällt, Klarheit darüber zu erlangen, was sie stattdessen gern hätten, dann hilft dir diese Übung.

Schließe die Augen, und nimm zunächst die momentane Situation in deiner Beziehung wahr. Sei ganz ehrlich, und beschönige nichts. Wie erlebst du die Beziehung? Was fehlt dir?

Wo hakt es? An was hast du zu knabbern? Worüber ärgerst du dich immer wieder?

Nachdem du das getan hast, atme tief durch. Nimm die derzeitige Situation an, wie sie ist, indem du es laut oder in Gedanken formulierst: »Ich nehme die Situation an, wie sie ist.« Atme wieder tief durch, und lasse die Situation in Gedanken los.

Stelle dir nun vor, wie du diese Beziehung gern hättest. Was wünscht du dir von ganzem Herzen? Welche Träume und Visionen hast du? Was sollte sich verändern? Male dir deine Beziehung in deiner Vorstellung aus. Lasse das innere Bild so bunt und lebendig wie nur möglich werden. Wie fühlt es sich an, wenn deine Wünsche hinsichtlich deiner Beziehung in Erfüllung gegangen sind? Was spürst du in deinem Körper? Setze all deine Sinne ein, und koste dieses Gefühl aus.

Atme tief durch, und sprich oder denke: »Auch wenn mir nicht klar ist, wie sich die Situation realisieren lässt, so weiß ich doch, dass es möglich ist.« Lasse in Gedanken dein Wunschbild los.

Nun wende dich deinem Höheren Selbst zu, und sprich oder denke: »Ich bitte dich, mich zu führen und zu leiten, damit mein Wunsch einer erfüllten Beziehung Wirklichkeit werden kann. Du weißt, was für mich und für uns das Beste ist. Möge es Realität werden.«

Atme tief durch, und vertraue darauf, dass sich die Beziehung zu euer beider Wohl entwickeln wird. Dann komme ins Hier und Jetzt zurück, und öffne die Augen.

Jedes Mal, wenn du im Alltag mit der aktuellen Beziehungs-situation haderst, lasse sie bewusst los, und nimm Verbindung zu deiner Vision auf. Lasse diese vor deinem inneren Auge er-scheinen, und vertraue darauf, dass das eintreten wird, was das Beste für euch ist.

Kronenchakra & Beziehungen

Das Kronenchakra lässt uns in Beziehungen Verbundenheit und Einssein erfahren.

Durch das Kronenchakra können wir die höchste Form der Beziehung erleben: das Einssein mit allem, was ist. Wir erfahren uns als Teil des großen Ganzen. Es gibt keine Trennung, sondern nur Verbundenheit.

Die Sehnsucht nach einem anderen Menschen, mit dem wir eins werden können, der uns komplettiert, entspricht letztlich der Sehnsucht nach unserem Ursprung, unserer geistigen und himmlischen Heimat, in der wir mit allem, was ist, verbunden sind. In diesen Zustand der Einheit und Glückseligkeit möchten wir auch hier auf Erden eintauchen.

Wenn wir uns neu verlieben, dann kommt es uns vor, als würden wir mit dem anderen verschmelzen, wodurch wir uns an unseren göttlichen Ursprung zurückerinnern. Aber meistens hält diese Phase nicht allzu lange an, denn mit dem Alltag kommt das

Erwachen, und uns fallen die Unterschiede auf, das, was uns voneinander trennt.

Der Weg zu einer bleibenden ganzheitlichen Verbundenheit mit einem anderen Menschen führt über das eigene Selbst. Erst wenn wir mit uns selbst verbunden sind, in uns ruhen und eins sind, können wir diese Erfahrung mit jemandem teilen.

Das Kronenchakra ermöglicht es uns, Vollkommenheit zu erlangen. Wir erkennen, dass nichts im Außen existieren kann, was nicht auch in uns selbst ist, dass also das, was der andere uns aufzeigt, auch in uns vorhanden ist. Anstatt diese Aspekte abzulehnen und zu verdrängen, integrieren wir sie, können uns und dem anderen vergeben, werden heil und finden somit zu unserer Ganzheit und in die Einheit zurück.

Das Kronenchakra hilft uns, unsere Beziehungen bewertungsfrei zu betrachten und die Illusion der Getrenntheit abzustreifen. Es gibt keine Opfer und keine Täter mehr. Wir nehmen Zusammenhänge und Bedeutungen auf universeller Ebene wahr, befreien uns von materiellen Anhaftungen, erleben uns im reinen Sein und sind im Frieden mit dem, was ist.

Ist unser Kronenchakra in Disharmonie, kann das dazu führen, dass wir anderen Menschen als »abgehoben« und nicht von dieser Welt zu sein erscheinen, sie uns nicht verstehen. Deshalb ist es besonders wichtig, das Wurzelchakra zu stärken und so für eine gute Erdung und Anbindung zu sorgen. Das Wurzelchakra hat die Aufgabe, die hoch schwingende Energie des Kronenchakras zu halten und sie in das reale, irdische Leben zu überführen. Damit bringt es auch die spirituelle Komponente in das Beziehungsleben.

Menschen mit einem harmonischen Kronenchakra ruhen in sich und lassen sich daher von den Emotionen anderer und durch äußere Umstände nicht aus der Bahn werfen. Sie haben kein Interesse daran, andere Menschen zu verändern, sondern begegnen ihnen mit Offenheit und Toleranz. Trotz Problemen und Schwierigkeiten sehen sie das Leben stets als vollkommen an. Sie betrachten alles, was geschieht, als reine, bewertungsfreie Erfahrung. Sie können gut mit sich allein und in der Stille sein und strahlen Ruhe, Verbundenheit und Zuversicht aus, was sich auf andere überträgt. Ihr Zugang zum höheren Wissen hilft ihnen, in ihren Beziehungen weise und vertrauensvoll zu entscheiden.

Themen in Beziehungen bei einem disharmonischen Kronenchakra:
- fehlende höhere Ziele in Beziehungen
- keinen Sinn in Beziehungen sehen
- sich in Beziehungen orientierungslos fühlen
- Gefühle von Mangel, Einsamkeit und Leere trotz Beziehungen
- Opferhaltung
- mangelnde Verbundenheit
- an materiellen Dingen festhalten
- allgemeine Unzufriedenheit
- generelle Ängste und mangelndes Vertrauen in das Leben, die Menschen, die Zukunft …

Wenn du einige dieser Fragen mit Ja beantwortest, darfst du dich deinem Kronenchakra widmen:

- Fühlst du dich trotz deiner Beziehungen einsam und allein?
- Fühlst du dich, obwohl du mit anderen Menschen zusammen bist, nicht mit ihnen verbunden?
- Kannst du nicht gut allein sein und erträgst nur schwer die Stille?
- Möchtest du dich in deinen Beziehungen spirituell weiterentwickeln?
- Fehlt es dir in deinen Beziehungen an Sinnhaftigkeit und einer gemeinsamen Ausrichtung?
- Fühlst du innere Leere und Mangel?
- Ist dir die Erfahrung von Einssein fremd?
- Möchtest du dich mehr den Erfahrungen des Lebens hingeben?

 ## Kronenchakra-Meditation: Verbinde dich mit dem universellen Sein

Setze dich aufrecht hin, die Fußsohlen berühren den Boden. Schließe die Augen, lege die Hände auf den Bauch, und atme in diesen Bereich hinein. Lasse den Atem ganz langsam ein- und ausfließen. Wandere dann mit deiner Aufmerksamkeit zu deinen Fußsohlen, und atme auch dort hinein. Spüre die Verbindung zur Erde, den Halt, den sie dir gibt. Nimm dich als das irdische Wesen wahr, das du bist und das mit beiden Beinen fest im Leben steht.

Nun richte den Fokus auf das Kronenchakra, das oberhalb des Scheitels liegt. Atme über das Chakra ein, und spüre, wie Energie in dich einfließt und bis zu den Füßen strömt. Dann atme über die Fußsohlen wieder aus. Mit jedem Atemzug verbindest du dich mehr mit dem reinen, schöpferischen, universellen Bewusstsein.

Lasse die Energie von oben nach unten und von dort aus weiter in die Erde strömen. Dehne nun deinen Geist aus. Während dein Körper fest verbunden mit Raum und Zeit bleibt, reist dein Geist in das Universum. Dein Bewusstsein dehnt sich immer weiter aus bis in die weiten Dimensionen des Alls. Es gibt keine Begrenzungen mehr, nur noch Weite, Freiheit und Unendlichkeit.

Lasse deinen Geist nun dorthin reisen, wo er seinen Ursprung hat. Nimm wahr, wie sich dein Herzchakra öffnet und du von der Energie der Liebe begleitet wirst. Spüre die Sehnsucht nach Einssein und nach Verbundenheit in dir. Nimm sie in ihrer ganzen Intensität wahr.

Du gelangst jetzt an einen besonderen energetischen Ort, wo du mit allem, was ist, verbunden bist: deine geistige Heimat. Spüre, wie du dort ankommst, wie sich dein Geist entspannt, wie du in diese Energie der Verbundenheit eintauchst. Warmes, goldenes Licht umhüllt und durchdringt dich. Du bist eingebettet in die Unendlichkeit. Es gibt keine Zeit mehr, keinen Raum. Es gibt nur das Einssein mit allem, was ist.

Spüre den Frieden, die Ruhe und die Seligkeit, die dich umgeben. Nimm die Energie dieses Ortes über das Kronenchakra in dich auf. Lasse sie von dort aus in dein Herz fließen, bis es vollkommen erfüllt davon ist, dann weiter in deinen ganzen Körper, in deine Aura und von dort aus in dein gesamtes Leben: in all deine Beziehungen, zu allen Menschen, die du liebst, die dir wichtig sind, die dich begleiten. Diese Energie erinnert dich und jene, zu denen du sie fließen lässt, daran, dass ihr bereits heil und vollkommen seid.

Nun komme mit deinem Bewusstsein wieder langsam zurück in deinen Körper. Nimm einige tiefe Atemzüge bis in die Fußsohlen hinein, atme auch bewusst in den Bauchraum hinein. Spüre deinen Körper, öffne die Augen, und recke und strecke dich etwas.

CHAKRAS
& Selbst-
verwirklichung

Die Arbeit mit den Chakras unterstützt uns dabei, unser wahres Selbst zu entfalten und unser geistiges und seelisches Potenzial zu verwirklichen. Wir dürfen aus dem Vollen schöpfen, all das annehmen, was schon immer für uns gedacht war. Damit steht uns der Weg zum Glück, zur Fülle und Erfüllung offen.

Leben bedeutet, sich weiterzuentwickeln. In der Zeit, in der wir auf der Erde sind, wachsen wir körperlich, geistig und seelisch. Jede Erfahrung, die wir machen, wirkt auf allen Ebenen und trägt zu unserer Vervollkommnung bei. Wir erhöhen unsere energetischen Schwingungen und damit auch unsere emotionale Ausgeglichenheit und mentale Stärke. Gerade in der heutigen Zeit ist dies wichtiger denn je. Wir lernen, zentriert in uns zu ruhen und die Energie in uns zu aktivieren, die wir brauchen, um mit den Anforderungen des Lebens zurechtzukommen.

Wenn wir Fehler machen, sich in unserem Leben Schwierig-keiten und Widerstände zeigen, dürfen wir dies als Einladung sehen, uns zu verändern, uns weiterzuentwickeln und zu reifen. Wir werden dazu aufgerufen, unsere Komfortzone zu ver-lassen, Neues auszuprobieren, uns selbst neu zu erfinden und zu definieren. Entwicklung kann sich aber auch aus uns selbst heraus vollziehen. Wir müssen nicht warten, bis das Leben uns dazu auffordert. Wenn wir die Energie der Chakras ins Gleich-gewicht bringen, werden Entwicklungsschübe ausgelöst, wir erkennen frühzeitig, welche Schritte der Veränderung anstehen, und sind in der Lage, diese bewusst zu vollziehen. Dadurch lernen wir, mehr an uns zu glauben und dem Leben zu ver-trauen.

Durch die Harmonisierung der Chakraenergie erweitern wir unser Bewusstsein und können immer feinere Nuancen und Informationen des Lebens wahrnehmen. Wir entdecken immer wieder neue Facetten von uns und können Ressourcen in uns aktivieren, die wir zuvor noch nicht einmal erahnten. Die Energie der Chakras verhilft uns, unsere Lebensaufgaben zu erkennen und unsere Wünsche und Träume zu realisieren.

Du erfährst in diesem Kapitel, welchen Einfluss die Chakras auf deine Selbstverwirklichung haben. Jedem Chakra sind Themen wie auch Fragestellungen zugeordnet, die dich erkennen lassen, mit welchem Chakra du arbeiten solltest. Wenn du dir dennoch unsicher bist, kannst du die Energie deiner Chakras intuitiv wahrnehmen, um herauszufinden, welches Chakra deiner Aufmerksamkeit bedarf. (Siehe »Die Energie der Chakras wahrnehmen«, S. 26.)

Wurzelchakra & Selbstverwirklichung

Das Wurzelchakra unterstützt in Bezug auf die Selbstverwirklichung das vertrauensvolle Vorangehen.

Das Wurzelchakra bildet die Basis für unsere persönliche Entfaltung. So, wie es eines stabilen Fundaments bedarf, um ein Haus zu errichten, müssen wir uns, wenn wir uns selbst verwirklichen wollen, zunächst gut verwurzeln. Dadurch erfahren wir Sicherheit, Stabilität und Geborgenheit. Durch das Wurzelchakra finden wir inneren Halt und Vertrauen in das Leben.

Erst ein harmonisches Wurzelchakra ermöglicht das freie Fließen der Energien der oberen Chakras und damit spirituelles Wachstum. Je geerdeter wir sind, desto tiefer können wir in uns hineingehen und uns selbst besser kennenlernen. Dadurch erweitert sich unser Bewusstsein, wodurch wir in der Lage sind, auf geistiger Ebene immer höher zu fliegen.

Wenn wir irgendwo feststecken, uns Probleme unüberwindbar scheinen, wenn wir dazu neigen, in schwierigen Situationen davonzulaufen, oder das Gefühl haben, den Boden unter den Füßen zu verlieren, brauchen wir einen kraftvollen energetischen Schub aus dem Wurzelchakra.

Um im Leben voranzukommen, sollten wir uns vor allem mit unseren Ängsten beschäftigen. Denn unser größtes Entwicklungspotenzial liegt dort, wo sich die größte Angst zeigt. Meist ist es die Furcht vor Veränderungen, die uns in problematischen, schmerzhaften Situationen verharren lässt, statt diese zu verändern. Wir halten an Gewohntem fest, verharren in der Komfortzone, warten auf den richtigen Zeitpunkt, sind noch nicht so weit … All das hindert uns an unserer Entfaltung. Mit der Energie des Wurzelchakras finden wir in uns die Kraft, uns unseren Ängsten zu stellen, sie in Vertrauen zu wandeln und sicheren Schrittes voranzuschreiten.

Menschen mit einem harmonischen Wurzelchakra sind bodenständig, ausdauernd und finden sich in der materiellen Welt gut zurecht. Sie leben im Hier und Jetzt und richten ihre Aufmerksamkeit nicht unnötig auf die Zukunft oder Vergangenheit. Sie verfügen über reichlich Lebensenergie, die sie für ihr Weiterkommen einsetzen. Sie leben nach ihren eigenen Werten und können die Konsequenzen ihrer Handlungen tragen. Ihre Existenz ist gesichert, wodurch sie unabhängig und frei sind. Wenn Ängste auftauchen, lassen sie sich von diesen nicht beirren, sondern erkennen sie als Wegweiser in Richtung Entfaltung.

Auswirkungen eines disharmonischen Wurzelchakras auf die Selbstverwirklichung:

- Angstzustände
- Existenzkrisen
- mangelndes Vertrauen in das Leben
- das Gefühl, den Boden unter den Füßen zu verlieren
- vor Problemen davonlaufen
- nicht loslassen können
- in der Komfortzone verharren
- spirituelle Abgehobenheit
- Stillstand, sich im Leben nicht weiterbewegen
- übermäßige Fixierung auf materielle Bedürfnisse (Geld, Besitz)

Wenn du einige dieser Fragen mit Ja beantwortest, darfst du dich deinem Wurzelchakra widmen:

- Hast du den Eindruck, im Leben nicht voranzukommen, sondern auf der Stelle zu treten?
- Hast du manchmal Angst, den Boden unter den Füßen zu verlieren?
- Erlebst du immer wieder Existenzkrisen?
- Fürchtest du dich vor Veränderungen und verharrst lieber in deiner Komfortzone?
- Neigst du dazu, vor Problemen davonzulaufen?
- Fehlt es dir an Energie, wenn es darum geht, dich weiterzuentwickeln und selbst zu verwirklichen?
- Kommt dir das Leben wie ein ständiger Überlebenskampf vor?
- Lebst du im Mangel, was Geld, Besitz und Sicherheit betrifft?
- Hast du wenig Vertrauen in dich selbst und in das Leben?
- Beschäftigst du dich intensiv mit geistigen und spirituellen Themen?

Wurzelchakra-Meditation: Angst loslassen und Vertrauen spüren

Setze dich aufrecht hin, die Fußsohlen berühren den Boden. Schließe die Augen, nimm bewusst die Füße auf dem Boden und deinen Kontakt zur Erde wahr, und atme über die Fußsohlen in die Erde hinein. Lasse in deiner Vorstellung Wurzeln aus deinem Wurzelchakra, das sich am Ende des Steißbeines befindet, und aus den Fußsohlen in die Erde hineinwachsen.

Nun denke an eine herausfordernde Situation in deinem Leben, die dir Angst macht. Nimm diese Situation wahr, als würdest du sie auf einem Bildschirm betrachten. Schaue sie dir genau an. Und nun gib der Angst, die diese Situation in dir auslöst, Raum. Gehe in das Gefühl der Angst so weit hinein, wie es dir möglich ist. Atme sanft ein und aus.

Werde dir bewusst, dass die Angst nur ein Gefühl ist, das kommt, aber auch wieder geht. Atme weiterhin sanft ein und aus. Nimm die Angst an, wie sie sich dir gerade zeigt. Sage oder denke: »Ich nehme meine Angst wahr und gebe ihr jetzt den Raum, den sie braucht.« Du musst nichts verändern, nur fühlen. Was passiert, wenn du die Angst einfach da sein lässt, wenn du sie annimmst, wie sie sich dir jetzt zeigt? Spüre, was die Annahme der Angst in dir bewirkt.

Erkenne nun, dass neben der Angst auch das Vertrauen in dir existiert. Wo in deinem Körper spürst du dieses Vertrauen? Gibt es einen Bereich, wo es seinen Sitz hat? Vielleicht in der Brust oder im Bauchraum? Atme in diesen Körperteil hinein, und

lasse das Vertrauen dadurch wachsen. Mit jedem Atemzug wird dein Vertrauen stärker. Stelle es dir als einen Luftballon vor, der immer größer wird.

In dem Maße, wie das Vertrauen größer wird, wird die Angst kleiner. Stelle dir auch die Angst als einen Luftballon vor, aus dem die Luft entweicht. Die Angst nimmt ab, das Vertrauen nimmt zu.

Lasse das Vertrauen nun über dich hinauswachsen, sodass es dich umgibt wie eine Blase. Spüre, wie du dich im Vertrauen befindest. Sage oder denke: »Ich vertraue.« Wiederhole diesen Satz, bis du es wirklich fühlst. Das Vertrauen schenkt dir die Kraft und den Mut, diese Situation zu meistern. Du wirst wissen, was zu tun ist, wenn du dir vertraust. Bleibe in diesem Gefühl des Vertrauens, solange du magst.

Dann komme ins Hier und Jetzt zurück, öffne die Augen, und recke und strecke dich etwas.

Sakralchakra & Selbstverwirklichung

Das Sakralchakra unterstützt in Bezug auf die Selbstverwirklichung die Hingabe an den Fluss des Lebens.

Das Sakralchakra schenkt uns die Lust und Freude am Leben. Wir können all das, was das Leben für uns bereithält, empfangen, genussvoll auskosten und auch wieder loslassen. Wir dürfen in den Fluss des Lebens eintauchen und uns ihm hingeben. Sollten wir unsere Pflichten einmal hintanstellen und stattdessen der Lust und dem Vergnügen mehr Raum geben, brauchen wir deswegen kein schlechtes Gewissen oder Schuldgefühle zu haben. Das Leben darf leicht sein.

Erst wenn das Wurzelchakra, das uns Sicherheit vermittelt, in Harmonie ist, kann das Sakralchakra seine Energie optimal entfalten und uns Vergnügen und Lebenslust schenken. Je besser die Energie des Sakralchakras fließt, desto leichter gelangt auch alles andere, zum Beispiel Geld und Liebe, in unser Leben.

Die schöpferische Energie des Sakralchakras fördert unsere Kreativität und unsere Schaffenskraft. Um vollen Zugang zu diesen Qualitäten zu erlangen, müssen die weiblichen und die männlichen Aspekte in uns in Balance sein. Es geht darum, das Sein und das Tun, das Empfangen und das Geben sowie das Fühlen und das Denken in uns zu vereinen und ausgeglichen zu leben. Dann sprudeln wir über vor Ideen, können Neues und Außerordentliches in die Welt bringen und darin Erfüllung finden.

Dieses Chakra verleiht unserem Leben Beweglichkeit, Spontaneität und Abwechslung. Wir erfahren, dass das einzig Beständige die Veränderung ist. Es lädt uns ein, genau hinzuschauen und zu erkennen, wo wir immer wieder dieselben Fehler machen, wo wir uns selbst blockieren, indem wir zum Beispiel an etwas festhalten, was wir loslassen sollten, oder etwas nicht annehmen können. Wir dürfen die Energien wieder ins Fließen bringen und uns dem Leben, so, wie es ist, hingeben, ohne zu versuchen, es aufzuhalten oder zu beschleunigen.

Das Sakralchakra verbindet uns mit unserer Gefühlswelt. Nicht gelebte und unterdrückte Emotionen erzeugen neben körperlichen Spannungen auch energetische Blockaden, die uns häufig davon abhalten, uns weiterzuentwickeln. Deshalb ist es wichtig, alle Gefühle, seien es angenehme oder unangenehme, bewusst wahrzunehmen und ihnen Raum zu geben. Dadurch lernen wir uns selbst besser kennen, können unsere Gefühle als Signale deuten, die uns aufzeigen, ob unsere Bedürfnisse erfüllt sind oder nicht, und finden zu emotionaler Ausgeglichenheit. Durch das Annehmen unserer Gefühle kommen wir auch in Kontakt mit unserem Inneren Kind, das wir liebevoll umsorgen und nähren sollten.

Oft haben wir gelernt, erst dann etwas zu verändern, wenn es richtig wehtut, nicht mehr auszuhalten ist. Durch das Sakralchakra kann uns stattdessen die Lust am Leben den Weg für Veränderungen aufzeigen. Was bereitet uns Vergnügen? Was schenkt uns Erfüllung? Was tut uns gut? Wenn wir uns darauf und somit auf die Befriedigung unserer Bedürfnisse ausrichten, statt auf die Vermeidung von schmerzhaften Erfahrungen, strömen Sinnlichkeit und Lebensfreude in unser Leben. Veränderungen zum Positiven hin geschehen dann wie von selbst.

Menschen mit einem harmonischen Sakralchakra genießen das Leben in vollen Zügen. Sie nehmen ihre Bedürfnisse wahr, befriedigen diese und umsorgen sich selbst liebevoll. Ihr Denken, Fühlen und Verhalten sind nicht starr und fixiert, sondern weich und fließend. In ihrem Leben gibt es nicht nur Pflichten, sondern sie machen von ihrem Recht Gebrauch, ihr Leben mit Freude zu füllen.

Auswirkungen eines disharmonischen Sakralchakras auf die Selbstverwirklichung:
- Kreativitätsblockaden, schöpferische Krisen
- Mangel an Lebenslust
- Strenge mit sich selbst
- Hemmungen
- nicht genießen können
- Stillstand im Leben
- Angst vor Veränderungen
- Stimmungsschwankungen

Wenn du einige dieser Fragen mit Ja beantwortest, darfst du dich deinem Sakralchakra widmen:

- Mangelt es dir an Freude und Lust am Leben?
- Bist du auf materieller Ebene gut versorgt, empfindest aber dennoch keine Erfüllung?
- Kannst du deine Gefühle nur schwer wahrnehmen, annehmen und ausdrücken?
- Leidest du unter Stimmungsschwankungen und wünschst dir mehr Ausgeglichenheit?
- Bist du zu streng mit dir selbst?
- Stellst du dir die Frage »Wozu habe ich Lust?« eher selten?
- Ist es schwer für dich, dir etwas zu gönnen?
- Gibt es in deinem Leben immer wieder Stillstand und Stagnation?
- Hast du den Eindruck, dass dir das Leben durch die Finger rinnt?
- Hast du Schwierigkeiten, loszulassen, und hältst verbissen an etwas fest?
- Machen dir Veränderungen Angst, und reagierst du auf sie mit Widerstand?
- Hast du Schwierigkeiten, die Geschenke des Lebens zu empfangen und anzunehmen?
- Fehlt es dir an Kreativität und Schaffensfreude?
- Begehst du immer wieder dieselben Fehler?

Sakralchakra-Meditation: Öffne das Tor zu deiner Lebenslust

Lege oder setze dich hin, und schließe die Augen. Lege eine Hand auf das Sakralchakra, das sich unter dem Bauchnabel, oberhalb des Schambeines befindet, und atme in diesen Bereich hinein. Nimm einige Atemzüge lang wahr, wie sich der Bauch mit jedem Atemzug hebt und senkt.

Führe dir nun ein schönes Tor vor Augen, und stelle dir vor, wie es sich langsam öffnet. Atme weiterhin bewusst in das Sakralchakra hinein, und nimm wahr, wie sich das Tor mit jedem Atemzug weiter auftut. Dahinter liegt das, vor dem du dich verschlossen hast, weil anderes wichtiger war und du dafür keine Zeit hattest: deine Lebenslust, deine Sinnlichkeit, deine Kreativität, deine Fähigkeit, die Süße des Lebens zu genießen … All das darf nun zu dir zurückkehren.

Das Tor ist jetzt vollkommen geöffnet. Spüre die sinnliche Energie der Lebenslust, die zu dir strömt. Sanfte, wohlige Wärme umgibt dich. Die Energie fühlt sich weich und zärtlich an. Sie ist wie warmes Wasser, das dich angenehm umschmiegt. Stelle dir vor, wie diese wunderbare, schöpferische, sinnliche Energie dich ganz einhüllt. Sie streichelt dich, sie liebkost dich. Gib dich diesem Gefühl ganz hin. Lasse es fließen, lasse dich tragen. Genieße es in vollen Zügen.

Gleichzeitig wird alles, was diese lebensbejahende, schöpferische Energie behindert, mit deinem Atem davongetragen und aufgelöst. Blockaden, Gefühle von Angst, Schuld und Scham, alte

Glaubenssätze, überholte moralische Vorstellungen, wie man/ frau sein sollte … All das darf nun gehen.

Genieße den Energiefluss. Sei ganz bei dir, spüre dich, nimm deinen Körper wahr, und atme. Deine Lust am Leben steht dir von nun an voll und ganz zur Verfügung. Sei dir gewahr, dass du sie in all ihren Facetten leben und auskosten darfst.

Bleibe in diesem wunderbaren Gefühl, solange du willst. Lasse es in dir wirken, und lasse es dir gut gehen. Dann komme ins Hier und Jetzt zurück, öffne die Augen, und recke und strecke dich etwas.

Solarplexuschakra & Selbstverwirklichung

Das Solarplexuschakra unterstützt in Bezug auf die Selbstverwirklichung die Entfaltung der eigenen Potenziale.

Das Solarplexuschakra schenkt uns das innere Feuer, mit dem wir unsere Potenziale und Fähigkeiten entfalten und unsere Ideen, Träume und Visionen in die Tat umsetzen können. Es aktiviert unsere Willenskraft, Ausrichtung und Klarheit, die wir brauchen, um unsere Ziele erreichen zu können. Auch unterstützt es uns dabei, Entscheidungen intuitiv, aus dem Bauch heraus, treffen zu können.

Durch dieses Chakra bekommen wir einen positiven Zugang zu unserer Wut. Statt sie zu unterdrücken oder uns von ihr unsere Gedanken vernebeln und uns zu Kurzschlussreaktionen verleiten zu lassen, geben wir ihr angemessenen Raum und nutzen sie, um deutlich zu erkennen, was wir nicht mehr in unserem Leben haben wollen, und um ins zielgerichtete Tun zu kommen.

Selbstwert, Selbstsicherheit, Selbstvertrauen, Selbstermächtigung, Selbstachtung, Selbstwirksamkeit, Selbstverantwortung … – alle diese Begriffe lassen sich dem Solarplexuschakra zuordnen. Seine Energie lässt uns in unsere Kraft kommen und wirkt stärkend auf unsere Persönlichkeit, die es immer mehr zu entfalten gilt.

Selbstzweifel, fehlende Begeisterung, Angst, sich zu zeigen, hinderliche Glaubenssätze und Mutlosigkeit halten uns davon ab, aktiv zu werden und zu handeln. Wir haben zwar Ideen, die aus der schöpferischen Energie des Sakralchakras nach oben kommen, setzen diese aber nicht um. Das wiederum aktiviert unsere Selbstkritik und versetzt unserem Selbstwertgefühl einen weiteren Dämpfer. Damit die Energie des Solarplexuschakras frei fließen kann und wir in unsere ganze Kraft kommen, müssen wir uns also mit unseren Selbstzweifeln und unseren bewussten und unbewussten Glaubenssätzen und Schattenthemen auseinandersetzen.

Häufig fühlen wir uns als Opfer der Umstände, meinen, nichts verändern zu können. Ein starkes Solarplexuschakra hilft uns, aus der Opferhaltung auszusteigen, uns selbst zu ermächtigen und die Verantwortung für die Gestaltung unseres Lebens zu übernehmen. Wir erfahren, dass wir selbst etwas bewirken können, und sprengen damit die Ketten unserer Konditionierungen und Überzeugungen, die uns klein halten, uns begrenzen und uns nicht erlauben, über uns hinauszuwachsen.

Ein disharmonisches Solarplexuschakra kann sich nicht nur in übermäßigen Selbstzweifeln, sondern auch in Selbstüberschätzung zeigen. Es ist also darauf zu achten, dass sich das eigene Ego nicht übermäßig aufplustert. Denn sonst neigen wir dazu, zu viel Ehrgeiz und Habgier zu entwickeln, nur den eigenen Erfolg im Kopf zu haben und unsere Macht manipulativ und rücksichtslos einzusetzen.

Menschen mit einem harmonischen Solarplexuschakra lassen ihr inneres Feuer und das Licht ihrer Einzigartigkeit nach außen hin leuchten. Sie stehen zu sich selbst, zu ihrer Macht und ihrem Erfolg. Sie haben ein gut entwickeltes Selbstbewusstsein und ein stabiles Selbstwertgefühl. Sie handeln eigenverantwortlich und selbstbestimmt, sind in sich zentriert und nutzen ihr einzigartiges Potenzial, um ihre Ziele zu erreichen.

Auswirkungen eines disharmonischen Solarplexuschakras auf die Selbstverwirklichung:
- unterdrückte Wut
- Opferhaltung
- Minderwertigkeitsgefühle
- Willensschwäche
- begrenzende Gedankenkonzepte und Überzeugungen
- geringes Durchhaltevermögen
- fehlende Eigenverantwortung
- Selbstzweifel und Selbstkritik
- Besitz- und Habgier
- übermäßiger Ehrgeiz
- übertriebenes Erfolgsdenken
- Selbstüberschätzung
- Machtmissbrauch

Wenn du einige dieser Fragen mit Ja beantwortest, darfst du dich deinem Solarplexuschakra widmen:

- Hast du Schwierigkeiten, dich für etwas zu begeistern?
- Fehlt es dir an Motivation, deine Ziele anzugehen?
- Mangelt es dir an Willensstärke und Durchhaltevermögen?
- Sind dir deine Talente und Fähigkeiten nicht bewusst?
- Hast du viele Ideen, kommst aber nicht ins Tun?
- Möchtest du deiner Intuition mehr vertrauen und öfter aus dem Bauch heraus entscheiden?
- Unterdrückst du deine Wut oder lebst sie unkontrolliert aus?
- Kritisierst und verurteilst du dich oft selbst?
- Fehlt es dir an Selbstvertrauen?
- Empfindest du dich häufig als Opfer der Umstände?
- Hast du Angst davor, deine Macht und Kraft verantwortungsvoll anzunehmen und zu leben?
- Möchtest du dir mehr Raum für deine Selbstverwirklichung geben?

Solarplexuschakra-Meditation: Entfache dein inneres Feuer, und lebe dein Licht

Du kannst dich während dieser Meditation in die Sonne legen und ihr Licht auf deinen Bauch strahlen lassen. Die etwas mildere Abendsonne eignet sich am besten dafür. Die Sonne ist ein großartiger Kraftspender. Lasse ihre Energie also immer wieder bewusst in dich einfließen.

Lege oder setze dich hin, und schließe die Augen. Lege die Hände auf das Solarplexuschakra, das sich oberhalb des Bauchnabels befindet, und atme einige Male in diesen Bereich hinein. Stelle dir vor, dass ein Lichtstrahl auf das Solarplexuschakra fällt und es mit der Sonne verbindet. Nimm die kraftvolle und leuchtende Sonnenenergie in dich auf.

Spüre, wie durch die Sonnenkraft dein inneres Feuer, deine ureigene, ursprüngliche Kraft, aktiviert wird. Vielleicht kannst du es zunächst als kleine Flamme wahrnehmen, die mit jedem Atemzug großer, kraftvoller und leuchtender wird. Dieses Feuer brennt schon immer in dir. Vielleicht hast du es zurückgehalten, gedämpft oder einfach nicht wahrgenommen. Lasse dein inneres Feuer nun lichterloh brennen. Kannst du seine Kraft und Hitze spüren? Diese Energie brauchst du, um deine Fähigkeiten und Gaben zu nutzen. Spüre in die folgenden Fragen hinein, und lasse die Antworten in dir aufsteigen: Für was brennst du? Was in dir soll im Außen sichtbar werden? Wie kannst du deine einzigartigen Talente leben?

Durch das Licht und die Kraft deines inneren Feuers kannst du deinen Lebensweg klar vor dir sehen und ihn auch gehen. Lebe dein Licht. Zeige es im Außen. Verstecke es nicht, sondern sei mutig, sei klar, und erhelle die Welt mit deinem Licht. Spüre, wie dein Licht über dich hinausstrahlt, und lasse es sich so weit ausdehnen, wie es nur möglich ist.

Dann atme tief in den Bauch hinein, komme langsam ins Hier und Jetzt zurück, öffne die Augen, und recke und strecke dich etwas.

Herzchakra & Selbstverwirklichung

Das Herzchakra unterstützt in Bezug auf die Selbstverwirklichung das Gehen des Herzenswegs.

Das Herzchakra bringt uns auf tieferer Ebene mit uns selbst in Kontakt und durchwirkt unser Leben mit der Energie der Liebe. Es möchte, dass wir lieben, und lässt uns das Leben voller Dankbarkeit und Wertschätzung erfahren.

Ist dieses Chakra in Harmonie, können wir unser Herz öffnen und uns vom Leben in all seinen Facetten berühren lassen. Wir sind in der Lage, alle Erfahrungen, ganz gleich, ob gute oder schlechte, und die damit einhergehenden Gefühle anzunehmen, zu verarbeiten und Erkenntnisse daraus zu gewinnen.

Verschließen wir unser Herz aus Angst vor negativen Gefühlen, blockieren wir auch die positiven. Nichts kommt mehr herein oder gelangt hinaus, und wir fühlen uns von der Welt abgeschnitten. Dies kann sich sowohl in Verbitterung, Teilnahmslosigkeit und Gefühlskälte äußern als auch in einer allgemein pessimistischen Einstellung gegenüber dem Leben und der Zukunft.

Öffnen wir hingegen unser Herz, spüren wir eine tiefe Verbundenheit mir allem, was ist. Wir erkennen, dass in uns eine unerschöpfliche Quelle der Liebe existiert und wir in unserem tiefsten Herzenskern unverwundbar und heil sind.

Das Herzchakra lässt uns hingebungsvoll dem liebevollen Ruf unserer Seele folgen. Je mehr es in Harmonie ist, desto besser kann unsere Seelenenergie in uns einströmen und in unserem Leben wirksam werden. So werden auch die unteren Chakras und damit unser Sein, Fühlen und Handeln von der Liebe durchwirkt. Ohne Liebe kann keine Bewusstseinserweiterung und damit auch keine Selbstverwirklichung stattfinden. Somit ist das Herzchakra auch für die höheren Chakras bedeutsam.

Wir dürfen lernen, die Botschaften des Herzens zu vernehmen und so in Kontakt mit unserer intuitiven Weisheit zu kommen. Je mehr wir die Herzensenergie aktivieren, desto leichter können wir die zarte Stimme des Herzens wahrnehmen und erkennen, welchen Weg wir einschlagen sollten, um uns selbst zu verwirklichen.

»Cor« ist das lateinische Wort für »Herz«, kann aber auch mit »Mut« übersetzt werden, was sehr stimmig ist. Denn um unseren Herzensweg zu gehen, braucht es Mut, da er einige Herausforderungen bereithält. Immer wieder werden wir mit unseren Ängsten konfrontiert und müssen Hindernisse überwinden. Belohnt werden wir, indem sich unser Weg zutiefst stimmig anfühlt und wir mit unserem Innersten in Einklang sind.

Die Selbstliebe ist besonders wichtig, wenn es darum geht, sich selbst zu verwirklichen. Wir nehmen uns an, wie wir sind, akzeptieren all unsere Sonnen- und Schattenseiten. Wir wissen, dass wir nicht perfekt sein müssen, ja, dass es gerade unsere Schwächen sind, die uns liebenswert machen. Wenn wir Fehler begehen, bringen wir uns selbst Mitgefühl entgegen und können uns vergeben. Aus dieser liebevollen Annahme heraus entsteht ein Zustand inneren Friedens und tiefer Ruhe, und wir können uns fragen, was wir aus Liebe zu uns selbst verändern können. Weil wir uns selbst lieben, sind wir in der Lage, Veränderungen vorzunehmen, die uns auf unserem Herzensweg voranschreiten lassen.

Menschen mit einem harmonischen Herzchakra leben aus dem Herzen heraus. Das, was sie tun, machen sie aus Liebe und mit Hingabe. Sie nehmen die Botschaften ihres Herzens wahr und schenken sich selbst liebevolle Aufmerksamkeit. Dadurch können sie die Kraft der Liebe in alle Lebensbereiche hineinstrahlen lassen und sich weiterentwickeln und entfalten. Auch herausfordernde und schwierige Situationen betrachten sie im Licht der Liebe. Sie lassen sich vom Leben, wie es sich gerade zeigt, zutiefst berühren.

Auswirkungen eines disharmonischen Herzchakras auf die Selbstverwirklichung:
- mangelnde Selbstliebe
- Verbitterung, Härte, Verschlossenheit
- Egoismus
- Teilnahmslosigkeit, Gefühlskälte
- Herzlosigkeit
- fehlender Zugang zu den eigenen Gefühlen

- Negativität, Pessimismus
- mangelnde Selbstvergebung
- die Stimme des Herzens nicht wahrnehmen

Wenn du einige dieser Fragen mit Ja beantwortest, darfst du dich deinem Herzchakra widmen:

- Fällt er dir schwer, Dankbarkeit, Wertschätzung und Mitgefühl auszudrücken?
- Ist dein Alltag von Negativität und Pessimismus geprägt?
- Haben deine Erfahrungen dich bitter werden lassen?
- Lässt du dich von positiven wie auch von negativen Ereignissen kaum innerlich berühren?
- Fühlst du dich manchmal teilnahmslos und von der Welt abgeschnitten?
- Ist es für dich schwierig, dir selbst zu verzeihen?
- Möchtest du dir selbst mehr Liebe schenken?
- Fällt es dir schwer, die Stimme deines Herzens zu vernehmen?
- Möchtest du mehr auf dein Herz hören und ihm folgen?

Herzchakra-Meditation: Öffne dich für die Botschaften deines Herzens

Lege oder setze dich hin, und schließe die Augen. Nimm einige Atemzüge lang bewusst wahr, wie der Atem deine Lunge füllt und wieder verlässt. Gehe mit deiner Aufmerksamkeit zum Herzchakra, das sich in der Brustmitte auf Höhe des Herzens befindet. Atme in diesen Bereich hinein, und stelle dir vor, wie sich dein Herzensraum für dich öffnet. Tritt nun in den Herzensraum ein, und spüre, wie du von der reinen, liebevollen Herzensenergie empfangen wirst.

Schaue dich in deinem Herzensraum um. Wie nimmst du ihn wahr? Ist er vielleicht ein Garten, ein Zimmer oder eine Landschaft? Ganz gleich, wie er sich dir zeigt, er ist dein heiliger Ort. Hier kommst du mit deiner Seelenenergie in Berührung und kannst die Botschaften deines Herzens vernehmen. Wie fühlst du dich hier? Ist dir die Energie, die dich umgibt, bekannt? In diesem Raum darfst du sein, wie du bist. Du darfst dich ausruhen, zu dir kommen, neue Kräfte sammeln und deine Seele baumeln lassen. Es ist dein innerer heiliger Rückzugsort.

Spüre, wie die Herzensenergie dich umhüllt und die reine Liebe in dir lebendig wird. Aus dieser Liebe heraus kannst du deinem Herzen Fragen stellen. Möchtest du vielleicht von ihm wissen, wie du dich in einer bestimmten Situation verhalten solltest oder welcher nächste Schritt in deinem Leben ansteht?

Bitte dein Herz darum, dass es dich führt und du seine Antwort klar und deutlich empfangen kannst. Vertraue deinen Wahrnehmungen. Vielleicht kommt die Antwort als Gefühl oder als bildhafte Botschaft zu dir, vielleicht kannst du sie auch hören. Nimm sie dankbar an.

Wenn du die Botschaft deines Herzens vernommen hast, kannst du noch etwas in deinem Herzensraum verweilen. Um wieder ins Hier und Jetzt zu kommen, nimm einige tiefe Atemzüge, spüre deinen Körper, öffne die Augen, und recke und strecke dich etwas.

Halschakra & Selbstverwirklichung

Das Halschakra unterstützt in Bezug auf die Selbstverwirklichung den authentischen Selbstausdruck.

Das Halschakra befähigt uns, unsere Gaben mit der Welt zu teilen und unserer Seelenenergie einen authentischen Ausdruck zu verleihen. Ganz gleich, ob wir schreiben, sprechen, malen, singen, tanzen oder etwas mit den Händen erschaffen, wir tun es stets um unserer selbst willen, aus reiner Freude daran, uns auszudrücken, und nicht, um anderen zu gefallen.

Durch dieses Chakra können wir die Energien der unteren Chakras gebündelt zum Ausdruck bringen. Wenn wir zu uns stehen, unsere Gefühle wahrnehmen, unsere Talente kennen und mit unserem Herzen verbunden sind, sind wir in der Lage, uns wahrhaftig zu zeigen. Im Laufe des Lebens verändert sich der persönliche Selbstausdruck, da wir neue Potenziale in uns entdecken, uns weiterentwickeln und uns immer mehr trauen, unsere Wahrheit mitzuteilen.

Der Hals verbindet den Kopf und das Herz miteinander. Das Halschakra lässt die Energie harmonisch in beiden Richtungen fließen und sorgt für die Kommunikation und Abstimmung zwischen unserem Denken und unserem Fühlen. Je mehr diese Ebenen im Einklang sind, desto stimmiger und klarer können wir uns ausdrücken.

Ein geöffnetes Halschakra schafft auch die Verbindung zwischen der inneren und der äußeren Welt. So gelingt es uns immer besser, unsere Herzenswünsche, Ideen, Visionen, Ziele, Bedürfnisse und Gefühle wahrzunehmen und sie nach außen zu bringen. Wir dürfen lernen, unserem Inneren mehr Aufmerksamkeit zu schenken. Welche Gedanken, Gefühle und Bedürfnisse beschäftigen uns? Suchen wir nach Ausreden, etwas nicht zu tun, anstatt nach Gründen, etwas in Angriff zu nehmen? Erst wenn uns bewusst ist, was in unserem Inneren abläuft, können wir es auch verändern.

Das Halschakra ist das Zentrum des intuitiven Hörens. Es ermöglicht uns, unsere innere Stimme zu vernehmen und in Dialog mit uns selbst zu treten, wodurch wir hilfreiche Antworten erhalten. Zudem können wir Botschaften aus der Geistigen Welt empfangen.

Wir sind erst dann ganz und vollkommen, wenn wir alle Aspekte, die zu uns gehören, anerkennen und annehmen. Jeder von uns hat Sonnen- und Schattenseiten. Letztere lehnen wir oft ab, verurteilen sie, weil wir uns für sie schämen. Bereits als Kind wurde uns vermittelt, wie wir zu sein haben und wie nicht. So wurden bestimmte Verhaltensweisen belohnt, andere bestraft.

Nach und nach haben wir gelernt, bestimmte Teile von uns zu verdrängen und nicht mehr zu zeigen. Wir verstellen und verbiegen uns, um zu gefallen, suchen bei anderen die Fehler, um selbst besser dazustehen. Das alles kostet uns sehr viel Kraft. Das Halschakra hilft uns, unsere Schattenaspekte liebevoll anzunehmen und sie wieder in unser Sein zu integrieren. Dadurch wird die Energie, die wir zuvor verwendet haben, um diese Aspekte zu verdrängen, frei, und wir können sie für unseren authentischen Selbstausdruck nutzen.

Menschen mit einem harmonischen Halschakra haben die Gabe, ihr Denken und Verhalten ehrlich zu hinterfragen und gegebenenfalls zu verändern. Damit sind sie offen für Weiterentwicklung und Wachstum. Sie stehen zu sich selbst, haben keine Angst, ihre Meinung kundzutun. Ihnen ist es wichtiger, mit sich selbst im Reinen zu sein, als sich bestmöglich im Außen darzustellen. Sie können sich stimmig ausdrücken, weil Kopf und Herz in Verbindung stehen und damit Denken und Fühlen im Einklang sind. Sie sind authentisch und haben Freude daran, sich selbst zu verwirklichen und ihr wahres Ich zu zeigen.

Auswirkungen eines disharmonischen Halschakras auf die Selbstverwirklichung:
- mangelnder Selbstausdruck
- zu laut, zu leise, zu viel, zu wenig … sprechen
- Schüchternheit, Zurückhaltung
- fehlende Verbindung zur Intuition
- Masken tragen, nicht authentisch sein
- eigene Schattenseiten verdrängen

Wenn du einige dieser Fragen mit Ja beantwortest, darfst du dich deinem Halschakra widmen:

- Hält dich etwas davon ab, deine Talente und Gaben zu leben?
- Fällt es dir schwer, zu dir selbst zu stehen?
- Versteckst du manche Aspekte von dir, zeigst sie nicht im Außen?
- Möchtest du dich auf deine ganz individuelle Art und Weise ausdrücken?
- Bist du manchmal unehrlich dir selbst gegenüber?
- Magst du den Klang deiner Stimme nicht?
- Ist dein innerer Dialog eher negativ und selbstkritisch ausgerichtet?
- Würdest du gern mehr auf deine innere Stimme hören?
- Bist du innerlich zerrissen, weil dein Herz dir etwas anderes sagt als dein Kopf?

Halschakra-Meditation: Kopf und Herz miteinander verbinden

Setze oder lege dich hin, und schließe die Augen. Atme einige Male langsam ein und aus. Dann richte deine Aufmerksamkeit auf dein Herz, lenke den Atem dorthin, und verweile so für fünf Atemzüge.

Nun gehe mit deiner Aufmerksamkeit zum Kopf, und atme fünfmal dort hinein. Lasse in deiner Vorstellung einen Kreislauf des Atems zwischen Kopf und Herz entstehen. Du atmest über den Kopf ein, der Atem fließt zum Herzen, und beim Ausatmen strömt er vom Herzen zurück in den Kopf.

Lege eine Hand auf den Kopf, die andere auf das Herz, und nimm Kopf und Herz gleichzeitig wahr. Atme in beide Bereiche hinein, und stelle dir vor, wie das Herz mit dem Kopf durch einen Lichtstrahl verbunden ist. Das Halschakra liegt im Zentrum dieser Verbindung. Sprich oder denke: »Kopf und Herz sind miteinander verbunden.«

Lasse nun die Wahrheit deines Herzens in das Halschakra hineinfließen. Lasse ebenfalls die Wahrheit deines Kopfes in das Halschakra hineinströmen. Spüre, wie es ist, wenn die Energie des Herzens und die Energie des Kopfes gleichermaßen im Halschakra erstrahlen und von dort aus den Weg nach außen finden. Dadurch kannst du das, was du fühlst und denkst, in Einklang bringen und stimmig ausdrücken.

Stelle dir die Frage, was du tun kannst, um mehr du selbst zu sein. Schenke deiner inneren Stimme Gehör, und lasse die Antwort zu dir kommen.

Atme nun noch einige Male bewusst über das Halschakra ein und aus. Kreise die Schultern, und bewege den Kopf ein wenig hin und her. Dann öffne die Augen, und sei wieder ganz im Hier und Jetzt.

Stirnchakra & Selbstverwirklichung

Das Stirnchakra unterstützt in Bezug auf die Selbstverwirklichung die Nutzung der Intuition und Vorstellungskraft.

Dank der schöpferischen und geistigen Energie des Stirnchakras können wir unsere Visionen und Wünsche mit Leichtigkeit realisieren. Es hilft uns, weitsichtige Entscheidungen zu treffen, die Führung in unserem Leben zu übernehmen und dieses, wenn es sein muss, radikal zu verändern.

Dieses Chakra verbindet uns mit unserer höheren Führung und der Geistigen Welt. Es ist das Tor zu unserer Intuition. Wir haben Zugang zu übergeordneten Informationen, können unser Leben aus einer höheren Perspektive wahrnehmen, gewinnen Einsichten und erkennen, wozu wir auf Erden sind. Besonders in Lebenskrisen und Zeiten des Umbruchs wie Midlife-Crisis und Wechseljahre ermutigt es uns, nach innen zu schauen, zu reflektieren und neue Chancen und Wege zu erkennen.

Die Energie des Stirnchakras ermöglicht es uns, uns beständig weiterzuentwickeln, und bringt dadurch auch die Energien der unteren Chakras in Bewegung. So unterliegen unser Selbstausdruck, unsere Liebesfähigkeit, unsere Persönlichkeit sowie unser Fühlen und Sein einem ständigen Wandel.

Fantasie und Vorstellungskraft sind wichtige Werkzeuge des Stirnchakras. Sie erweitern den Blick und schaffen damit Raum für Möglichkeiten. Oft sind unsere Sichtweisen eng und begrenzt. Wir laufen wie mit Scheuklappen durchs Leben, bewegen uns aufgrund unserer Erfahrungen, Gedankenmuster und Konditionierungen immer auf denselben gedanklichen und realen Pfaden. Das Stirnchakra löst diese Begrenzungen auf. Es lässt uns groß, weit und klar denken, neuartige Ideen entwickeln und über das Vorstellbare hinausgehen.

Ein disharmonisches Stirnchakra kann bewirken, dass wir zu Kopflastigkeit neigen oder zerstreut sind und uns nur schwer konzentrieren und auf etwas fokussieren können. Genauso kann es dazu führen, dass wir uns in irreale, digitale Welten flüchten, statt von unserer Intuition und Vorstellungskraft Gebrauch zu machen.

Energie folgt bekanntlich der Aufmerksamkeit und ist schöpferisch. Das bedeutet, dass wir durch unsere bewussten und unbewussten Gedanken unsere Realität kreieren. Häufig liegt unser Fokus auf dem Mangel und auf dem, was wir nicht haben möchten. Indem wir das, was ist, akzeptieren, der Realität ins Auge sehen und sie annehmen, können wir unsere Aufmerksamkeit und damit die Schöpferkraft unseres Stirnchakras bewusst auf das ausrichten, was wir erreichen wollen, und es in unserem Leben realisieren.

Das Stirnchakra wird auch »Drittes Auge« genannt. Mit ihm durchschauen wir Illusionen, die uns davon abhalten, unseren eigenen Weg zu gehen. Genauso hören wir auf, uns selbst zu täuschen und uns Dinge schönzureden. Wir decken unsere eigenen blinden Flecken auf, indem wir mutig unseren Blick nach innen wenden und unser wahres Selbst erkennen.

Menschen mit einem harmonischen Stirnchakra lassen sich vertrauensvoll von ihrer Intuition führen. Da sie zur Selbstreflexion fähig sind, erweitert sich ihr Bewusstsein. Sie erkennen die Zusammenhänge des Lebens, können Geschehnisse aus einer höheren Perspektive deuten und gewinnen dadurch hilfreiche Einsichten für ihre Selbstverwirklichung. Um ihre Visionen zu manifestieren, nutzen sie gezielt ihre Vorstellungskraft und damit ihre schöpferische Energie.

Auswirkungen eines disharmonischen Stirnchakras auf die Selbstverwirklichung:
- Angst, nach innen zu schauen
- verzerrte Wahrnehmung
- mangelndes Einsichtsvermögen
- Probleme beim Eintritt in neue Lebensphasen (Midlife-Crisis, Wechseljahre)
- Überbetonung des Verstandes
- Konzentrationsschwäche
- Engstirnigkeit, begrenzte Sichtweise

- Vergesslichkeit, Zerstreutheit
- Verwirrung
- sich in irreale, digitale Welten flüchten

Wenn du einige dieser Fragen mit Ja beantwortest, darfst du dich deinem Stirnchakra widmen:

- Fällt es dir schwer, weitsichtige Entscheidungen zu treffen?
- Möchtest du dich und dein Leben aus einer höheren Perspektive wahrnehmen?
- Willst du dich besser konzentrieren und dich auf deine Ziele fokussieren können?
- Hast du Schwierigkeiten damit, deine Vorstellungskraft zu nutzen?
- Mangelt es dir an Wünschen und Visionen?
- Bist du eher kopflastig und vertraust deiner Intuition nicht?
- Fehlt es dir an innerer Führung?
- Hast du einen begrenzten Blick auf das Leben und seine Möglichkeiten?
- Wird deine Wahrnehmung durch Sorgen, Ängste oder Mangel getrübt?
- Ertappst du dich manchmal dabei, dir etwas schönzureden und dich selbst hinters Licht zu führen?
- Ist es für dich schwierig, die Zusammenhänge des Lebens zu erkennen?
- Fragst du dich kaum, wozu bestimmte Erfahrungen gut sein könnten?
- Macht es dir Angst, deinem Innenleben Aufmerksamkeit zu schenken?

Stirnchakra-Meditation: Begegne deinem zukünftigen Ich

Setze oder lege dich hin, schließe die Augen, und nimm einige tiefe Atemzüge. Stelle dir vor, dass deine beiden Gehirnhälften durch eine liegende Acht miteinander verbunden sind. Goldenes Licht strömt durch die Acht. An ihrem Kreuzungspunkt befindet sich die Zirbeldrüse. Lasse diese in deiner Vorstellung dreimal hell aufleuchten.

Atme in das Stirnchakra, das sich oberhalb der Augenbrauen in der Stirnmitte befindet, hinein. Stelle dir dort eine Öffnung vor, die mit jedem Atemzug etwas größer und weiter wird. Dadurch weitet sich auch der Raum deines Bewusstseins. Du kannst nun vor deinem inneren Auge eine Landschaft sehen, durch die ein Weg führt. Es ist dein Lebensweg. Schreite ihn entlang, spüre den Boden unter den Füßen, und nimm die Landschaft um dich herum wahr.

Mache dich für eine wunderbare Begegnung bereit: Du triffst auf dein zukünftiges Ich. Das bist du selbst aus einer Zukunft, in der du in deiner ganzen Kraft bist, dein höchstes Potenzial lebst, all deine Visionen verwirklichst und dir erlaubst, frei, unabhängig und wahrhaftig du selbst zu sein.

Dein zukünftiges Ich möchte dir mitteilen, wie du dich am besten weiterentwickeln und über dich hinauswachsen kannst. Jetzt kannst du dein Ich aus der Zukunft sehen. Es kommt dir entgegen. Schaue es dir an. Was nimmst du wahr? Wie wirkt es auf dich? Was strahlt es aus? Was fällt dir besonders an ihm auf?

Es steht nun direkt vor dir. Gehe in Verbindung mit deinem Ich aus der Zukunft, in der dir alle Möglichkeiten offenstehen. Reiche dir selbst die Hand, und stelle dir vor, wie all jene Energien und Informationen aus der Zukunft über eure Hände in dein Herz fließen. Du brauchst nichts zu tun, außer zu empfangen.

Spüre die Liebe, die von deinem zukünftigen Ich zu dir strömt. Dein Zukunfts-Ich führt dich durch das Leben, denn es weiß, wohin deine Reise geht. Du darfst ihm vertrauen. Es hat bereits zu sich gefunden, lebt sein ganzes Potenzial. Es ist frei, erfüllt und glücklich.

Lasse die Energien fließen. Vertraue. Dein zukünftiges Ich hat ein Geschenk für dich mitgebracht. Empfange und betrachte es. Frage dein Ich aus der Zukunft, für was dieses Geschenk steht und an was es dich erinnern soll.

Bitte nun um eine klare Botschaft für dein Leben, eine Vision. Erlaube, dass ein Bild vor deinem inneren Auge entsteht. Vielleicht bekommst du auch noch weitere Informationen von deinem Zukunfts-Ich. Welche Begrenzungen darfst du hinter dir lassen? Welche deiner Qualitäten solltest du entfalten und im Außen sichtbar werden lassen?

Es ist Zeit, dich zu verabschieden. Bedanke dich bei deinem zukünftigen Ich, das langsam entschwindet. Du nimmst nun wieder die Landschaft um dich herum und dich selbst auf deinem Lebensweg wahr. Gehe mit dem Geschenk deines zukünftigen Ichs in der Hand einige Schritte auf diesem Weg, und spüre den Boden unter den Füßen. Atme tief ein und aus, komme mit deiner Aufmerksamkeit ins Hier und Jetzt, öffne die Augen, und recke und strecke dich ein wenig.

Kronenchakra & Selbstverwirklichung

Das Kronenchakra unterstützt in Bezug auf die Selbstverwirklichung die Annahme der eigenen Vollkommenheit.

Die Energie des Kronenchakras verbindet uns mit dem reinen, göttlichen Bewusstsein. Wir erfahren uns nicht nur als körperliche, sondern zugleich auch als geistige, schöpferische und göttliche Wesen. Das Kronenchakra schenkt uns unbegrenzte Möglichkeiten, und wir dürfen Fülle und Vollkommenheit und damit das Paradies auf Erden erfahren.

Durch dieses Chakra tauchen wir in die reine Essenz ein, die auch »Stille«, »Quelle allen Seins«, »Nichts« oder »kosmisches Bewusstsein« genannt wird. Uns wird das Wissen zuteil, das wir brauchen, um unseren Lebensweg zu gehen und unseren Seelenauftrag zu erkennen.

Viele von uns haben verlernt, der Stille Aufmerksamkeit zu schenken und sich mit dem reinen Bewusstsein, dem Nichts, zu verbinden, um daraus zu schöpfen und zu sich zu finden. Wir

lenken uns ab, sind mit dem Außen beschäftigt, flüchten gedanklich in die Vergangenheit oder Zukunft, anstatt nach innen
zu gehen. Wenn wir wieder in die Stille eintauchen, können uns
tiefgehende spirituelle Erfahrungen zuteilwerden. Alles Wissen
ist bereits in uns. Vom Urgrund der Stille aus kann es in unser
Bewusstsein aufsteigen und uns den Weg für unser Leben und
unsere Weiterentwicklung weisen.

Wir sind auf der Erde, um ein beseeltes Leben zu führen und uns
vom Sinn des Lebens erfüllen lassen. Dazu gehört, sich ganz vom
Leben einnehmen zu lassen, sich ihm hinzugeben und es anzunehmen, wie es ist. Damit steigen wir aus den Bewertungen, was
gut und was schlecht ist, aus, können die Illusion der Getrenntheit auflösen, erleben uns frei und im reinen Sein und erfahren
tiefen inneren Frieden.

Um unser Bewusstsein ausdehnen und die spirituelle Dimension
in unserem Alltag erfahren zu können, ist ein stabiles Wurzelchakra und damit eine gute Erdung besonders wichtig. Ansons-
ten besteht die Gefahr, dass wir uns in den höheren Bewusst-
seinssphären und damit den Bezug zum Irdischen verlieren.

Im Kronenchakra vereinen sich die Energien aller Chakras zu
einer Energie, in der zugleich alles und nichts enthalten ist. Wir
erfahren uns als vollkommen, ganz und heil. Das Leuchten des
Kronenchakras (auf Heiligenbildern der Heiligenschein) stellt
den krönenden Abschluss des spirituellen Weges dar: die Erleuchtung. Wir sind nicht mehr an die materielle Welt gebunden,
sondern frei und erleben uns im reinen Sein.

Menschen mit einem harmonischen Kronenchakra wissen um ihren Seelenauftrag und leben ihn. Sie verwirklichen sich selbst, indem sie das Leben annehmen, wie es sich ihnen gerade zeigt, aber dennoch nach Vollendung streben. Sie sehen die göttliche Vollkommenheit in allem, was ist, und sind aufs Tiefste mit ihrer geistigen Heimat verbunden.

Themen, die dem Kronenchakra in Bezug auf die Selbstverwirklichung zugeordnet sind:

- keinen Sinn im Leben sehen
- fehlende höhere Ziele
- Orientierungslosigkeit im Leben
- Weltschmerz
- Opferhaltung
- mangelnde Verbundenheit
- an materiellen Dingen festhalten
- innere Leere
- geistige Erschöpfung
- Illusion der Trennung vom Göttlichen

Wenn du einige dieser Fragen mit Ja beantwortest, darfst du dich deinem Kronenchakra widmen:

- Mangelt es dir an Lebenswillen und Lebensmut?
- Neigst du zu depressiven Stimmungen, Trübsal oder Melancholie?
- Kommt es dir häufig so vor, als würdest du orientierungslos durchs Leben gehen, fehlt es dir an höheren Zielen?
- Glaubst du, dass mit dem Tod alles vorbei ist?
- Kannst du Stille nur schwer aushalten?
- Fühlst du dich innerlich leer und im Mangel?

- Ist es schwer für dich, das Leben so zu akzeptieren, wie es ist?
- Möchtest du darauf vertrauen können, dass alles gut ist, wie es ist?
- Fühlst du dich nicht mit dem größeren Ganzen verbunden?
- Bist du auf der Suche nach innerem Frieden?
- Möchtest du Zugang zu einem höheren Bewusstsein erlangen?

Kronenchakra-Meditation: Eintauchen in die Stille

Setze dich aufrecht hin, die Fußsohlen berühren den Boden. Schließe die Augen, und verbinde dich bewusst mit der Erdenergie, indem du mit deiner Aufmerksamkeit zu deinen Fußsohlen gehst und dir vorstellst, wie von dort aus Wurzeln in die Erde hineinwachsen.

Richte jetzt deinen Fokus auf den Atem. Atme langsam und tief ein und aus, und nimm bewusst die Stille wahr, die zwischen dem Ein- und dem Ausatmen liegt. Schenke diesem Moment zwischen den Atemzügen deine ganze Aufmerksamkeit. Mit jedem Atemzug tauchst du etwas mehr in die Stille ein, wirst ruhiger und entspannter. Tauche nun vollkommen in sie ein, in die reine Präsenz. Du brauchst nichts zu tun, sondern nur zu sein. Genieße die Stille, die dich umgibt.

Aus dieser Stille heraus hast du Zugang zu allem Wissen. Vielleicht erhältst du nun eine Botschaft für dein Leben. Fühlst, siehst oder hörst du etwas? Lasse es geschehen, wie es geschehen will, und nimm die Botschaft an.

Genieße die Stille, solange du möchtest. Wenn du so weit bist, komme langsam ins Hier und Jetzt zurück. Atme bewusst ein und aus, spüre deinen Körper, öffne die Augen, und recke und strecke dich etwas.

MEDITATIONEN
für alle Chakras

Während alle vorangegangenen Meditationen dazu dienen, einzelne Chakras in Harmonie zu bringen, möchte ich dir hier nun weitere anbieten, mit denen du die Energien aller Energiezentren gleichzeitig reinigen, aktivieren und ausgleichen kannst. Führe sie am besten regelmäßig durch, gern auch täglich, wenn du möchtest. Du kannst sie auch dann nutzen, wenn du kein Bedürfnis danach hast, ein spezifisches Chakra zu stärken, sondern einfach allen Chakras etwas Gutes tun möchtest.

Meditation: Deine Chakraenergie bejahen

Lege oder setze dich hin, und schließe die Augen. Richte deine Aufmerksamkeit auf den Atem. Lasse ihn beim Einatmen über die Wirbelsäule nach unten fließen und beim Ausatmen wieder nach oben. Mache dies einige Male. Spüre den Energiefluss in der Wirbelsäule.

Richte den Fokus auf das Wurzelchakra, das sich am Ende des Steißbeines befindet. Atme in das Chakra hinein, und stelle dir vor, wie es in seiner Vollkommenheit erstrahlt und in einem intensiven Rot leuchtet. Nimm seine Energie wahr, und sage oder denke: »Ja, ich gehe voller Vertrauen meinen Weg.«

Lenke deine Aufmerksamkeit auf das Sakralchakra, das sich unter dem Bauchnabel, oberhalb des Schambeines befindet. Wenn du magst, lege eine Hand auf diesen Bereich. Atme in das Chakra hinein, und stelle dir vor, wie es in seiner Vollkommenheit erstrahlt und in einem kräftigen Orange leuchtet. Nimm seine Energie wahr, und sage oder denke: »Ja, ich genieße mein Leben in vollen Zügen.«

Richte den Fokus auf das Solarplexuschakra, das sich oberhalb des Bauchnabels befindet. Lege eine Hand auf diesen Bereich, wenn du möchtest. Atme in das Chakra hinein, und stelle dir vor, wie es in seiner Vollkommenheit erstrahlt und in einem intensiven Gelb leuchtet. Nimm seine Energie wahr, und sage oder denke: »Ja, ich lebe mein volles Potenzial.«

Lenke deine Aufmerksamkeit auf das Herzchakra, das sich in der Brustmitte auf Höhe des Herzens befindet. Auch hier kannst du eine Hand auf den Bereich legen. Atme in das Chakra hinein, und stelle dir vor, wie es in seiner Vollkommenheit erstrahlt und in einem kräftigen Grün leuchtet. Nimm seine Energie wahr, und sage oder denke: »Ja, ich bin hier, um zu lieben.«

Richte den Fokus auf das Halschakra, das sich etwas unterhalb des Kehlkopfes befindet. Wenn du möchtest, umschließe mit den Händen sanft deinen Hals. Atme in das Chakra hinein, und stelle dir vor, wie es in seiner Vollkommenheit erstrahlt und in einem intensiven Hellblau leuchtet. Nimm seine Energie wahr, und sage oder denke: »Ja, ich zeige mich wahrhaftig.«

Lenke deine Aufmerksamkeit auf das Stirnchakra, das sich oberhalb der Augenbrauen in der Stirnmitte befindet. Lege eine Hand auf diesen Bereich, wenn du willst. Atme in das Chakra hinein, und stelle dir vor, wie es in seiner Vollkommenheit erstrahlt und in einem kräftigen Dunkelblau leuchtet. Nimm seine Energie wahr, und sage oder denke: »Ja, ich sehe weit und klar.«

Richte den Fokus auf das Kronenchakra, das sich oberhalb des Scheitels befindet. Atme in das Chakra hinein, und stelle dir vor, wie es in seiner Vollkommenheit erstrahlt und in einem intensiven Violett leuchtet. Nimm seine Energie wahr, und sage oder denke: »Ja, ich bin eins und vollkommen.«

Alle Chakras leuchten und erstrahlen jetzt in ihrer jeweiligen Farbe. Verbinde die Chakras nun miteinander, indem du die Energie von Chakra zu Chakra fließen und zwischen ihnen zirkulieren lässt. Nimm wahr, wie sich die Farben der Chakras vermischen und sich zu einem hellen, weißen Licht vereinen, das über dich hinausstrahlt. Sprich innerlich: »Ja, ich bin hier, um meine Energie zu leben und aus dem Vollen zu schöpfen.«

Bleibe mit dieser Energie verbunden, solange du möchtest. Wenn du so weit bist, komme ins Hier und Jetzt zurück, öffne die Augen, und recke und strecke dich etwas.

 Meditation: Den Atem kreisen lassen

Durch die Energie des Atems werden die Chakras gereinigt, aktiviert und miteinander verbunden.

Setze dich aufrecht hin, die Fußsohlen berühren den Boden. Schließe die Augen, und nimm einige bewusste Atemzüge. Richte deine Aufmerksamkeit auf das Wurzelchakra, das sich am Ende des Steißbeines befindet. Atme in deiner Vorstellung über dieses Chakra ein, und lasse den Atem über die Rückseite deines Körpers nach oben bis zum Kronenchakra, das sich oberhalb des Scheitels befindet, fließen. Stelle dir beim Ausatmen vor, wie der Atem über die Körpervorderseite wieder nach unten zum Wurzelchakra fließt.

So entsteht ein Atemkreislauf, der alle Chakras berührt. Der Atem fließt über das Wurzelchakra zum Sakralchakra, von dort aus zum Solarplexuschakra, dann weiter zum Herzchakra, zum Halschakra, zum Stirnchakra und schließlich zum Kronenchakra. Von dort aus strömt der Atem über alle sieben Chakras wieder nach unten. Lasse den Atem so lange durch alle Chakras fließen, wie es für dich stimmig ist. Nimm abschließend noch einen tiefen Atemzug, und löse dann den Kreislauf in deiner Vorstellung wieder auf.

Richte nun den Fokus auf deine Füße, spüre den Boden unter deinen Fußsohlen, und verbinde dich mit der Erde. Dann komme ins Hier und Jetzt zurück, und öffne die Augen. Bleibe noch etwas sitzen, denn es kann sein, dass dir ein wenig schwindelig ist. Strecke und recke dich ein wenig, und trinke etwas Wasser.

Meditation: Erd- und Himmelsenergie vereinen

Setze oder lege dich hin, und schließe die Augen. Gehe mit deiner Aufmerksamkeit zu den Fußsohlen, und verbinde dich mit der Energie der Erde. Stelle dir vor, wie lange, dicke Wurzeln aus den Füßen tief in die Erde hineinwachsen und dein ganzer Körper in die Erde hineinsinkt. Nimm die Qualität der

Erdenergie wahr. Lasse nun mit dem Einatmen die Erdenergie von den Wurzeln aus über die Füße und Beine nach oben in den Körper fließen. Sie strömt zum Wurzelchakra und breitet sich im Becken aus. Mit dem nächsten Einatmen strömt sie in das Sakralchakra und erfüllt den unteren Bauchraum, dann weiter in das Solarplexuschakra und erfüllt den oberen Bauchraum. Mache noch einen tiefen Atemzug, und lasse sie zum Herzchakra strömen, von wo aus sie sich im Brustraum ausbreitet. Die Erdenergie reinigt und harmonisiert deine unteren Chakras.

Nun gehe mit deiner Aufmerksamkeit zum Kronenchakra. Dieses ist geöffnet und kann die lichtvolle, universelle Energie in sich aufnehmen. Nimm die himmlische Energie wahr. Sie fließt über das Kronenchakra zum Stirnchakra. Sie verteilt sich im Kopf, strömt weiter zum Halschakra, verteilt sich im Nacken- und Schulterbereich und gelangt bis zum Herzchakra. Die himmlische Energie reinigt und harmonisiert jetzt deine höheren Chakras.

Im Herzchakra befinden sich nun die himmlische und die irdische Energie, die sich vereinigen. Diese sehr heilsame Energie reinigt und harmonisiert zunächst das Herzchakra. Erlaube, dass die Energie aus dem Herzen in den gesamten Körper, in jedes Organ und in jede Zelle, und auch in die Aura hineinfließt. Lasse die Energie sich noch weiter ausdehnen, so weit du kannst, auch über die ganze Erde. Es gibt keine Begrenzung. Nimm jetzt den großen, weiten Raum um dich herum wahr, die Unendlichkeit. Spüre die reine Stille.

Bleibe in dieser Stille, solange du möchtest. Wenn du so weit bist, komme langsam ins Hier und Jetzt zurück. Atme bewusst ein und aus, öffne die Augen, und recke und strecke dich etwas.

RÄUCHERN
& Aromatherapie

Räucherwerk und ätherische Öle können dich wunderbar während einer Meditation unterstützen. Sie erschaffen eine entspannte Atmosphäre, beruhigen den Geist, fördern die Konzentration und lassen dich tiefer in die inneren Bilder eintauchen.

Duftmoleküle gelangen blitzschnell ins Gehirn zum limbischen System, das für die Verarbeitung von Erfahrungen und Emotionen zuständig ist. Dadurch können traumatische und andere negative Erinnerungen und die damit verbundenen Schocks und verdrängten Emotionen an die Oberfläche des Bewusstseins gelangen und von dort aus in die Heilung überführt werden. Durch die Düfte erinnern wir uns an unseren heilen Urzustand, die Energie in den Chakras beginnt, wieder zu fließen, und die Blockaden lösen sich auf.

Räuchern: Dazu brauchst du ein Räucherstövchen mit einem Sieb und ein Teelicht. Gib das Räucherwerk (Harze, Kräuter, Wurzeln) in das Sieb hinein, und entzünde die Kerze darunter. Wenn du eine Räucherschale verwendest, gib etwas Sand auf den Boden, darauf ein Stück Kohle, und zünde diese an. Wenn die Kohle weiß und somit durchgeglüht ist, gib das Räucherwerk auf die Kohle.

Ätherische Öle: Gib einige Tropfen des ätherischen Öls deiner Wahl in das Wasser eines Duftdiffusors oder in eine Duftlampe. Diese verbreiten den Duft im Raum, und du nimmst die Moleküle über die Atemwege auf. Du kannst auch ein bis zwei Tropfen des Öls in den Handflächen verreiben und von dort aus den Duft einige Male tief einatmen. Verwende nur qualitativ hochwertige, reine ätherische Öle in Bioqualität.

Wurzelchakra:

Räucherwerk: Salbei, Wacholder, Ulme, Myrrhe, Rosmarin
Ätherische Öle: Rosmarin, Weihrauch, Myrrhe, Zeder, Sandelholz, Moschus, Weißtanne

Sakralchakra:

Räucherwerk: Schafgarbe, Beifuß, Orangenschale, Mandarinenschale, Ringelblume, Ysop, Oregano
Ätherische Öle: Wild Orange, Kardamom, Gardenie, Ylang-Ylang, Sandelholz, Myrrhe, Bitterorange, Patschuli, Zimt, Zypresse, Jasmin, Oregano

Solarplexuschakra:

Räucherwerk: Nelkenwurz, Kümmel, Wacholder, Zimtrinde, Thymian, Alant
Ätherische Öle: Zitrone, Zitronengras, Neroli, Copaiba, Bergamotte, Pfefferminze, Kümmel, Grapefruit, Melisse, Ingwer, Teebaum

Herzchakra:

Räucherwerk: Styrax, Rosmarin, Rosenblätter
Ätherische Öle: Rose, Jasmin, Estragon, Rosmarin, Strohblume, Limette, Thymian

Halschakra:

Räucherwerk: Thymian, Oregano, Salbei, Pfefferminze, Gewürznelke
Ätherische Öle: Pfefferminze, Teebaum, Eukalyptus, Bergamotte, Niaouli, Kampfer, Lavendel

Stirnchakra:

Räucherwerk: Fichte, Lavendel, Pfefferminze, Lorbeer, Schafgarbe

Ätherische Öle: Veilchen, Lavendel, Lemongras, Jasmin, Cajeput, Pfefferminze, Rosmarin, Muskatellersalbei, Vetiver

Kronenchakra:

Räucherwerk: Mistel, Nieswurz, Weihrauch, Lavendel, Engelwurzsamen, Copal

Ätherische Öle: Nanaminze, Weihrauch, Rosenholz, Neroli, Myrrhe, Sandelholz, Wintergrün

Zum ABSCHLUSS

Erst beim Schreiben dieses Buches wurde mir richtig bewusst, welche Fülle an wertvollen Informationen uns die Chakralehre für unser Leben zur Verfügung stellt. Mit der von mir getroffenen Auswahl an Wissenswertem wollte ich dir aufzeigen, wie du gezielt deine Gesundheit stärken, deine Beziehungen beleben und deine persönliche Entwicklung vorantreiben kannst. Ich hoffe, dass du das Erfahrene wie auch die Übungen und Meditationen immer wieder nutzt, um deine Energie sanft ins Schwingen zu bringen und auf allen Ebenen in Harmonie zu kommen.

Immer wenn du dieses Buch nutzt, um ein bestimmtes Thema zu klären oder ein Chakra zu harmonisieren, wirst du darüber hinaus Impulse erhalten, die sich auf dein gesamtes Leben und alle Chakras auswirken, denn alles ist miteinander verbunden.

In dieser Verbundenheit wünsche ich dir von Herzen tiefgehende Erkenntnisse und heilsame Erfahrungen.

Deine Susanne Steidl

Über die AUTORIN

Susanne Steidl lebt in Pfalzen (Südtirol) und ist seit 2003 als selbstständige Trainerin und Coachin in den Bereichen Energiearbeit, Bewusstseins- und Persönlichkeitsbildung tätig. Ihre Erfahrung gibt sie in Seminaren, Beratungen und Ausbildungen weiter. Die Energie der Chakras fasziniert sie schon seit vielen Jahren. In ihren Online-Kursen »Chakra Energie Intensiv« und »Yoni Chakra Transformationscoaching« gibt sie Interessierten einfache und zugleich effiziente Methoden an die Hand, mit denen diese ihre Chakraenergie ausgleichen und stärken und damit ihr Bewusstsein erweitern können.

www.susanne-steidl.com
www.kurse-susanne-steidl.com

QUELLEN & INSPIRATIONEN

Brenda Davies: Chakras. Tore zur Seele, Heyne Verlag 2007

Clinton Callahan: Die Kraft des bewussten Fühlens. Ein Handbuch, um näher an Ihrer eigenen Wahrheit zu leben, Next culture press 2016

Cyndi Dale: Der Energiekörper des Menschen. Handbuch der feinstofflichen Anatomie, Lotos Verlag 2012

Kalashatra Govinda: Chakra Praxisbuch. Spirituelle Übungen für Gesundheit, Harmonie und innere Kraft, Goldmann Verlag 2006

Maria L. Schasteen: Duftmedizin. Ätherische Öle und ihre therapeutische Anwendung, Crotona Verlag 2016

Markus Schirner: Atemtechniken. Einfache Atemübungen zur Selbstheilung, Verjüngung und Harmonisierung, Schirner Verlag 2020

Reinhard Stengel: Chakren fühlen, ausgleichen und anregen, Schirner Verlag 2013

Sabine Hauswald: Hormone bewegen mein Leben. Den weiblichen Hormonhaushalt natürlich ausbalancieren, Schirner Verlag 2018

Shalila Sharamon, Bodo J. Baginski: Das Chakra-Handbuch. Eine umfassende Anleitung zum Harmonisieren der Energiezentren durch Klänge, Farben, Edelsteine, Düfte, Atemtechniken, Naturerfahrungen, Reflexzonen und Meditationen, Windpferd Verlag 2007

Susanne Steidl: Chakra-Energie. Kraftvolle Impulse für die tägliche Praxis, Schirner Verlag 2019

Susanne Steidl: Gute-Gefühle-Tipps. 10 Ideen, die dein Leben positiv verändern, Schirner Verlag 2018

Susanne Steidl: Yoni Chakra – Bringe deine weibliche Kraft zum Erblühen, Schirner Verlag 2024

Susanne Steidl, Susanne Schreiter: Entdecke deine intuitive Energie. Erfahre Klarheit und Führung in deinem Leben, Schirner Verlag 2019

Thorsten Weiss: Bringe deine Emotionen in Balance mit ätherischen Ölen, Eigenverlag 2019

Veit Lindau: Liebe radikal. Wie du deine Beziehungen zum Erblühen bringst, Kailash Verlag 2014

www.chakren.net
www.chakrahealing.de/klangschalen-chakras.html
www.yoga-vidya.de/Bilder/Galerien/Brahma.html
www.edelsteine.net/bergkristall
www.raeucherguru.info/raeucherstoffe
www.sabineschrott.com
www.business-yoga.it
YouTube-Kanal: Rosmaries Pflanzenkräfte

Die Quellen der Lebensenergie
zum Sprudeln bringen

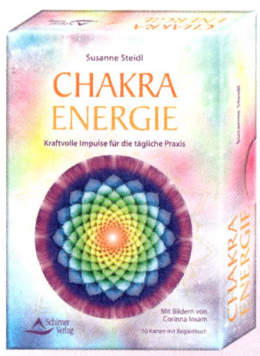

50 Karten mit Begleitbuch
ISBN 978-3-8434-9129-7

Susanne Steidl
Chakra-Energie
Kraftvolle Impulse für
die tägliche Praxis

176 Seiten
ISBN 978-3-8434-1554-5

Susanne Steidl
Yoni-Chakra
Bringe deine weibliche Kraft
zum Erblühen

Danke für deine **REZENSION**
– Gemeinsam sind wir mehr –

Liebe Leserin, lieber Leser,
von Herzen danken wir dir, dass du dieses Buch in den Händen hältst und es bis zum Ende gelesen hast. Das bedeutet uns, dem Schirner Verlag und seinen Autoren, sehr viel. Aus voller Überzeugung und mit Hingabe widmen wir uns seit vielen Jahren Themen, die unser aller Lebensqualität und Bewusstwerdung dienlich sind, und hoffen, einen Beitrag für eine lichtvollere Welt leisten zu können. Wenn dir unsere Arbeit gefällt, möchten wir dich bitten, dir einige Minuten Zeit zu nehmen, um dieses Buch zu rezensieren. Warum? Die meisten Menschen lesen Rezensionen, bevor sie ein Buch kaufen, da sie hierdurch einen Eindruck bekommen, ob und wie der Inhalt des Buches den Leser erreicht hat. Eine kurze Rezension ist dabei ebenso hilfreich wie eine lange, sehr ausführliche. Um es auf den Punkt zu bringen:

Eine Rezension ist heutzutage die beste Werbung für ein Autorenwerk!

Wenn du den Schirner Verlag und seine Autoren neben dem Buchkauf auch anderweitig unterstützen willst, dann bitten wir dich: Schreibe für jedes Werk eine Rezension – vielleicht als persönliche Leseempfehlung für die Buchhandlung in deiner Nähe oder online, z. B. beim Schirner Verlag. Das wäre nicht nur eine Wertschätzung für die Autoren, sondern kann dazu beitragen, dass die Verkaufszahlen steigen und der Schirner Verlag auch in herausfordernden Zeiten Bestand hat.

WIE SCHREIBT MAN EINE REZENSION?
Grundsätzlich sollte eine Rezension aus der eigenen, subjektiven Sicht geschrieben werden, da es sich um eine persönliche Meinung handelt. Du kannst in zwei Sätzen deine Gedanken zu dem Buch äußern oder eine längere Rezension verfassen. Falls du nicht weißt, wie du beginnen sollst, hier ein paar Anregungen:

- War das Buch leicht verständlich geschrieben? Wie hat dir die Sprache gefallen? Wie empfandest du die Aufteilung der verschiedenen Themen?
- War es unterhaltsam? War es deiner Meinung nach mit Herzblut und Liebe geschrieben? Wie hat es auf dich gewirkt?
- Hat es dein Herz berührt? Konntest du dich wiederfinden?
- War es tief greifend genug? Hast du viel Neues gelernt?
- Hat es gehalten, was der Titel und die Buchbeschreibung versprochen haben? Hat es deine Erwartungen erfüllt?
- Was macht das Buch besonders? Warum sticht es heraus im Vergleich zu anderen Büchern, die ein ähnliches Thema behandeln?
- Würdest du das Buch weiterempfehlen oder verschenken?

BILDNACHWEIS